Christian E. Hannig wurde 1941 in Friedland geboren. Nach einer schriftstellerischen Ausbildung war er zunächst freier Mitarbeiter bei einer Tageszeitung, bevor er sich zum Fluglotsen ausbilden ließ. Als Ausgleich für diesen Streß-Job hat er sich viele naturverbundende Hobbys zugelegt: allgemeine Tier- und Pflanzenkunde, das Sammeln von Mineralien und Versteinerungen, Naturfotografie und natürlich das Reisen.

Seit vielen Jahren unternimmt er im Alleingang ausgedehnte Reisen per Rad, vom Roten Meer bis zum Nördlichen Eismeer, auf dem amerikanischen Kontinent bis hinauf nach Alaska, durch Australien und zuletzt durch Südamerika. Mehr als eine Erdumrundung hat er inzwischen im Fahrradsattel zurückgelegt.

Von Christian E. Hannig sind weitere Titel im Verlag erschienen:
- Im Land der Schotten
- Irisches Reisetagebuch
- Polarlicht

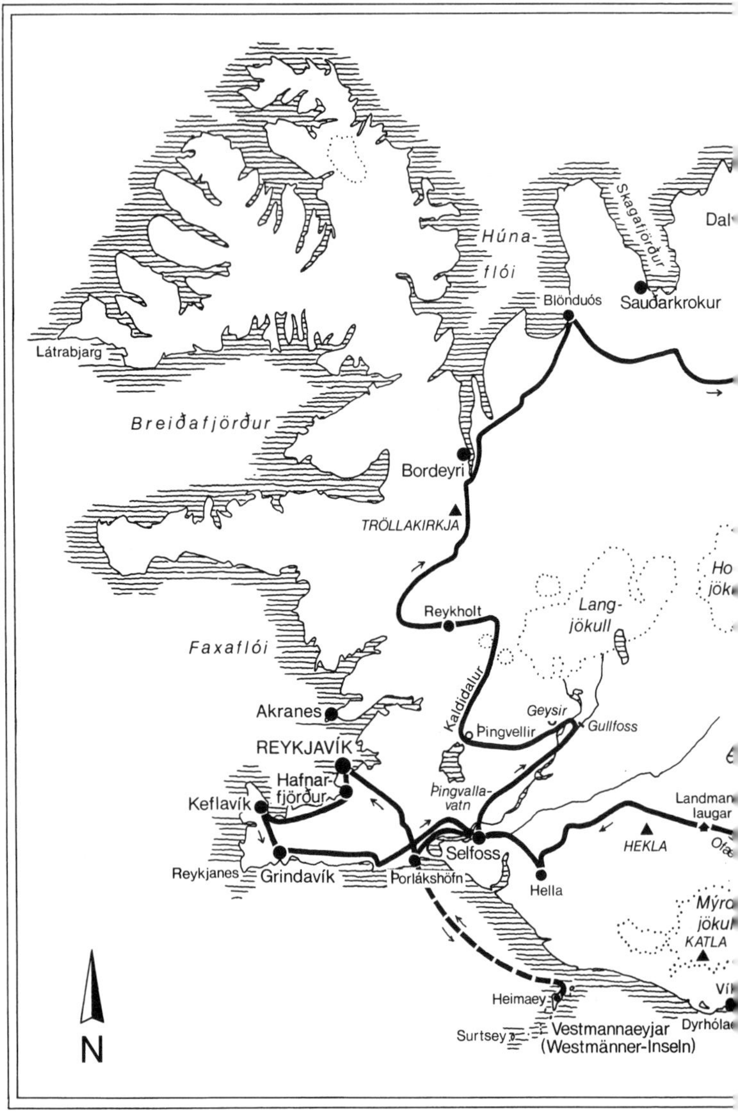

Húna-
flói
Skagafjörður
Blönduós
Saudarkrokur
Látrabjarg
Breiðafjörður
Bordeyri
TRÖLLAKIRKJA
Reykholt
Lang-
jökull
Faxaflói
Kaldidalur
Akranes
Geysir
Gullfoss
Þingvellir
REYKJAVÍK
Hafnar-
fjörður
Þingvalla-
vatn
Keflavík
HEKLA
Selfoss
Reykjanes
Grindavík
Þorlákshöfn
Hella
KATLA
Heimaey
Surtsey
Vestmannaeyjar
(Westmänner-Inseln)
N

Grimsey
Húsavík
Dettifoss
KRAFLA
Godafoss
kureyri
Mývatn
Jökulsá á Fjöllum
Möðrudalur
Egilsstaður
Seyðisfjörður
Neskaupstaður
Odadahraun
HERÐUBREIÐ
ASKJA
Jökulsá á Dal
SNÆFELL
Breiðdalsvík
Djúpivogur
Vatnajökull
Höfn
Skaftafell
HVANNADALSHNUKUR
Kirkjubæjarklaustur
Eldhraun
ISLAND
Reiseroute:
Fahrrad
Bus
Schiff
Gletscher
See
Fluß
Berg
Stadt, Siedlung
0
50
100 km

*Dieses Buch schreibe ich für meinen Sohn,
in der Hoffnung, daß er vielleicht eines Tages
ein paar Schritte den Spuren seines Vaters
folgen wird.*

Die Deutsche Bibliothek – CIP-Einheitsaufnahme
Ein Titeldatensatz für die Publikation ist bei
Der Deutschen Bibliothek erhältlich.

NATIONAL GEOGRAPHIC ADVENTURE PRESS
Reisen · Menschen · Abenteuer
Die Taschenbuch-Reihe von
National Geographic und Frederking & Thaler

6. Auflage November 2003

Titelfoto/Fotos: Christian E. Hannig
Umschlaggestaltung: Atelier Seidel, Altötting
Karten: Isolde Notz-Köhler/Christian E. Hannig
Herstellung: Caroline Sieveking, München
Druck und Bindung: Clausen & Bosse, Leck
Printed in Germany

ISBN 3-89405-049-7
www.frederking-thaler.de

Das Papier wurde aus chlorfrei gebleichtem Zellstoff hergestellt.

Christian E. Hannig

Island – Vulkane, Eis und Einsamkeit

Eine extreme Tour per Rad

NATIONAL GEOGRAPHIC
FREDERKING & THALER

Inhalt

Ein nachdenkliches Vorwort 7
15. Juli, ein Resttag 9
Neue Zeitrechnung 14
Thingvellir – Islands historische Meile 22
Orkan auf der Insel-Ringstraße 30
Impressionen aus Akureyri 39
Am Mückensee 48
Durch die „Wüste" Islands 59
Annäherung an die Ostküste 73
Zyklopenland 84
Das Fahrrad streikt 93
Im goldgrünen Eldhraun 103
Auf dem Fluchtweg durchs Hochland 107
Ausruhen auf Heimaey 123
Von Elfen und Helden 137
Hauptstadttage 144
Epilog 151

Infos 153
- Steckbrief einer Insel 153
- Island im Zeitraffer 154
- Ein „sagenhaftes" Land 156
- Welches Dach über dem Kopf? 157
- Jedem Island-Fahrer sein „Tief" 159
- Radfahren auf der Vulkaninsel 160
- Zur Sprache 165

Erklärungen 166

Ein nachdenkliches Vorwort

Die Zeiger der Uhr rücken auf Mitternacht. Langsam schiebt sich der D 899 hinaus in die Dunkelheit. Meine Island-Fahrt beginnt gedankenverloren – dann ein kurzer Rüttelschlaf im Schienentakt.

Es ist noch sehr früh. Die ersten Sonnenstrahlen streicheln die Landschaft. Das Licht spielt mit den Bergkuppen und Tälern sein morgendliches Schattenspiel. Ich lasse mich einlullen von dieser sanft auf und ab wogenden Landschaft, von den beruhigenden Grüntönen. Doch da ist noch was anderes! Dort drüben welkt mit ausgedorrten Wurzeln eine Obstbaumallee. Bulldozer haben die Bäume achtlos beiseitegeschoben. Eine neue, geradlinig abgesteckte Straßentrasse vertrug sich nicht mit den Krümmungen der Natur.

Ein Stück weiter der Fluß. Auch an ihm haben die Planer ihr Lineal angelegt. „Schau lieber weg!" souffliert der einschläfernde Klopfton der Räder. „Lieber wegschauen! Wegschauen!"

Der Zug hält auf offener Strecke. Ich strecke den Kopf aus dem Fenster wie ein Autofahrer, der die Ursache eines Staus erkennen möchte. Ein Blick nach unten: Den eisernen Bändern der Geleise folgt eine bunt-schmutzige Abfallspur: Plastik, Blech, Papier – Wertschätzung der heimischen Natur.

Erneutes Anrucken. Graue Betonfassaden gleiten am Fenster vorbei, Wohnsilos. Die Vorboten einer Großstadt. Wirtschaftszentren brauchen Menschenmaterial, und sie halten sich ihre Sklaven in solchen Enklaven. Der schrille Schleifton von Eisen auf Stahl reißt mich aus meinen Gedanken. Der Protest der Bremsen verstummt erst, als der Zug endgültig hält.

Gehetze, Gedränge, vielstimmiger Lärm. Große Bahnhöfe gleichen sich wie Geschwister. Beim Verlassen des Abteils fällt mein Blick noch einmal auf die kleine Reklametafel an der Trennwand. Sie verspricht: *„Wo Menschen sind, ist Panasonic!"* Der harmlose Werbeslogan hat in diesem Augenblick für mich Orwellsche Dimensionen. Nirgendwo bist du mehr allein!

Aus gutem Grund befinde ich mich auf einer Reise in ein Land, in dem mir, so hoffe ich, niemand die Stille stört, die ich suche, in dem mir keine Schmutzfracht die Freude an klaren Flüssen trübt und in dem die Natur noch nicht mit zahllosen Asphaltbändern verschnürt ist.

Drei Bahnsteige weiter mogle ich mich unter die schweigenden Gesichter der Frühaufsteher. Obwohl zusammengedrängt, scheint hier doch jeder für sich allein zu sein. Manche holen mit der Kopfhaltung eines müden Gaules versäumten Schlaf nach. Andere blikken so lustlos in den Julitag, als hielte dieser auch nicht die kleinste Freude für sie bereit.

Rhein-Main-Flughafen. Vom Trittbrett des Zuges auf das Sprungbrett in die Welt sind es nur ein paar Schritte, und das gedämpft wahrnehmbare Röhren der Düsentriebwerke klingt wie der Ruf der Ferne. Doch ich bin Island, meinem Ziel, erst knapp 600 Kilometer näher gekommen. Es geht mir viel zu langsam!

Im Vorraum zu Gate 4 sieht es aus wie auf einer Wahlversammlung der Grünen. Man trägt Bart. Und die Kleidung belegt: alles Modemuffel. Das stollenbewehrte Schuhzeug und die Fotoausrüstungen zeigen: gleiches Ziel, gleiche Interessen. Als dann die kleine Boeing der „Icelandair" zwischen Jumbos und großen Douglas-Maschinen zum Start rollt, wirkt sie wie ein Sperling unter Riesenvögeln. Dafür hat sie heute eine etwas unübliche Fracht im Bauch – mein Tourenrad.

Das Flugzeug folgt gehorsam dem Ausschlag des Seitenruders, dreht mit der Nase nach Nordwesten. Mit zunehmender Geschwindigkeit frißt es sich in die Wolkenwatte. Am Ende der 3000 Kilometer langen Geraden, die es nun befliegt, wartet ein Abenteuer, Island, die Insel aus Feuer und Eis.

15. Juli, ein Resttag

Wolkenspitzen stoßen den metallenen Vogel, dünnere Luftschichten lassen ihn durchsacken. Er bockt wie störrisches Jungvieh. Erst als wir über allem Wettergeschehen fliegen, gleitet er ruhig dahin.

Unter uns könnte jetzt Schottland liegen: Loch Maree, Glen Afric, der Ben Nevis – die Insel Skye mit den Cuillins – Gedankensplitter, Erinnerungen an einen Hochland-Urlaub tauchen auf. Ich wünsche mir Windmotten in die Wolkendecke, doch unter dem geschlossenen, dichtgewebten Weiß bleibt alles nur Ahnung.

Als dann jemand die Kamera hochreißt, hat das die gleiche Wirkung wie wohl in alten Seefahrerzeiten der Ruf aus dem Mastkorb: „Land in Sicht!" Sofort entsteht an der rechten Fensterseite großes Gedränge. *„Sorry!* Entschuldigung!"

„Dort! Der weiße Fleck!" Jemand ruft es ganz laut. Landkarten werden entfaltet. Offensichtlich ist es der Vatnajökull. Der 8000 Quadratkilometer große Eisschild des Gletschers grüßt zum Flugzeug hinauf, wie er seinerzeit hinab zu den Wikingern gegrüßt hat, die mit ihren Booten, von Norwegen kommend, die Insel entdeckten. Island, Eis-Land, sie wählten einen treffenden Namen.

Wenig später wird eine dunkle Linie sichtbar, die sanft geschwungene Südküste. Der hohe Ton der Triebwerke verändert sich.

„Fasten your seatbelts, please!" Aus dem Bordlautsprecher kommen die Wetterdaten. Der Flug hinaus in den Nordatlantik hat die gewohnten Sommertemperaturen mehr als halbiert.

Das matte Farbenpuzzle unter der Maschine beginnt sich zu ordnen. Grün wird zu Grasland, Grau zu Sandern, Schwarzbraun zu Lavazungen. Immer mehr Einzelheiten sind zu erkennen, die Schlangenlinie einer Straße, verstreut liegende Gehöfte, ein kleiner Hafen. Dann leuchtet halbrechts voraus ein bunter Haufen Legosteine, die Häuser Reykjavíks. Die Boeing fliegt noch eine niedrige Schleife über dem Meer, dann beginnt das Terrain zu rasen. Ein Rumpeln, die Erde hat uns wieder!

Welch ein Gegensatz! Verglichen mit dem Glas-Betonpalast des Rhein-Main-Flughafens wirkt das Flughafengebäude von Keflavik eher wie ein Landjugendheim. Den Beamten an der Paßkontrolle scheint es kaum zu interessieren, ob das Gesicht des Fluggastes zum Konterfei in den Papieren paßt. Dafür legt er großen Wert darauf, daß sein Stempelabdruck ordentlich sitzt. *„Koma"* lautet dieser, „eingereist", „angekommen".

Was für eine simple Sprache, denke ich. Doch schon im nächsten Augenblick korrigiere ich meine Meinung. Das lange Wort *Utlendingaeftirlitid* über der Paßdurchreiche, Ausländerbehörde, ist eine linguistische Stolperschwelle, ein echter Zungenbrecher.

Die Maschine wird entladen. Wenig später kreisen auf dem kleinen Förderband die Gepäckstücke. Es sind in der Mehrzahl Wanderrucksäcke der Nobelklasse: Karrimor, Lowe, Fjällräven. Die Ankunftshalle des Flughafens gleicht dem Basislager einer Großexpedition.

Mein Rad, zu sperrig für die Gepäckluke, wird durch eine Seitentür hereingeschoben. Während ich den Drahtesel, diesen Ersatz für ein Islandpferd, startklar mache, schaut mir ein Zöllner interessiert zu. Plötzlich streckt er mir die Hand entgegen. Doch das ist kein Gruß, er möchte nur das Verpackungsmaterial, Schnüre und Klebebänder entgegennehmen, um sie zum Abfallkorb zu bringen. Als ich fertig bin, öffnet er noch die Tür und gibt mir ein freundliches *„Good luck!"* mit auf den Weg.

Ein Zollbeamter, der Abfälle entgegennimmt, Türen aufhält, aber nicht nach Gepäckinhalten fragt – das muß jemand, der die preußische Bürokratie kennt, erst begreifen lernen. Ich mache diesem Land mein erstes Kompliment.

Noch etwas unsicher auf dem schwer bepackten Rad, kurve ich hinaus. Wenige Kilometer vom Flughafen entfernt stoppt mich ein Straßenposten. „Leider", so belehrt er mich, „beginnt Island erst hier." Das Gebiet um Keflavik sei eine „Leihgabe"[1] an die Amerikaner.

Dann wird der Mann neugierig, doch es ist kein dienstliches Interesse. So ein Leichtmetallrad sei ihm völlig unbekannt, meint er. Ob das denn wirklich Aluminium sei?

„Natürlich", versichere ich ihm, doch meine Beteuerung beseitigt seine Zweifel nicht.

„*And where do you want to go with that*", wohin ich denn damit wolle, fragt er mich. Das belustigt Lästernde in seiner Stimme ist nicht zu überhören.

„Einmal rund um die Insel." Und weil das „*With that!*" gar so ungläubig geklungen hat, mache ich eine großspurige Handbewegung, als wollte ich seine kleine Insel in die Hosentasche stecken.

Er geht um das Rad herum und klopft das Gepäck ab: zwei Doppeltaschen, Rucksack, Zelt und Schlafsackrolle, Ersatzreifen, Kameratasche. Noch einmal diese Belustigung in seiner Stimme: „*I don't think so!*" Er dehnt diesen Satz zum langen „Niemals!". Nun, wir werden sehen!

Unser kleiner Schmunzeldialog endet mit einem Schulterklopfen. Und nun liegt es endgültig vor mir, das Abenteuer Island.

Die Straße schnürt geradlinig nach Osten, quer durch die lavabedeckte Halbinsel Reykjanes. Das braune Gestein, das die Erde einst aus ihrem Innern hervorwürgte, mutet an wie Gewölle von Riesenvögeln.

Gebuckelte Lava – so weit das Auge reicht. Wen wundert es, daß sich um diese Gegend unzählige Geschichten ranken? Erst eine Radstunde liegt der Flugplatz zurück, und schon befinde ich mich in der Welt der Trolle.

Mehrere Laster kommen mir entgegen. Auf ihren Ladeflächen türmen sich Trockenfische.[2] Die Wagen sind so hoch bepackt, daß sie ständig Teile ihrer Fracht verlieren. Die verstreut auf der Straße liegenden Fischleiber gleichen Strandgut.

Immer mehr kleine Seitenwege führen jetzt hinein in die Lavafelder, enden an Trockengestellen, auf denen Kabeljau dörrt. Wenn eine Windböe die schon harten Fischkörper bewegt, klingen helle Töne durch diesen Stangenwald. Zu nächtlicher Stunde könnte man meinen, daß es die Trolle sind, die auf hölzernen Xylophonen spielen.

Das klagende Fiepen eines Goldregenpfeifers macht mir bewußt, wie intensiv man Töne wahrnimmt, wenn die Geräuschkulisse ei-

Stockfische am Trockengestell

nes Industriealltags fehlt. Weiter abseits rollt das Trällern eines Brachvogels über die Lava, leiser werdend versickert es im graubraunen Gestein.

Schon zu Beginn der Tour gibt sich Island so intim, daß ich das Gefühl habe, zu stören.

Vielleicht hätte ich mich in der ersten Nacht nicht gleich dem launischen Inselwetter ausliefern und in dem kleinen Fischerort Grindavík nach einer Schlafmöglichkeit fragen sollen. Doch jetzt ist es dafür zu spät. Es dunkelt bereits, und das Dorf liegt schon viele Kilometer zurück.

Da, die ersten Regentropfen! Der Wetterwechsel vollzieht sich ungewöhnlich schnell. Bald treibt ein kräftiger Westwind endlose Wasserfäden vor sich her. So wird die Platzsuche für das Nachtlager hektisch. Zudem ist der Wunsch, auf einem Blocklavafeld[3] zwei Quadratmeter ebenen Grund zu finden, ein fast unverschämtes Ansinnen. Das Resultat ist ein Kompromiß aus kleinen Buckeln und schiefen Ebenen.

Beim Aufbau macht mir der böige Wind das Zelt streitig. So behandelt die Natur hier Störenfriede.

Irgendwann in der Nacht fängt das Zeltdach an zu schlagen wie eine Flagge am Fahnenmast. Die Verankerung der Häringe war im porösen Lavagestein miserabel. Der Wind, zum Sturm angeschwollen, hatte leichtes Spiel mit ihnen.

Ich ziehe die Reißverschlüsse auf, um die Situation zu erkunden. Der Lichtkegel der Taschenlampe verfängt sich in dichten Regenvorhängen. Nasser Zeltstoff klatscht mir ins Gesicht – eine Ohrfeige für ein Greenhorn. Mir bleibt nichts anderes übrig, ich muß hinaus.

Da das Anlegen der kompletten Schlechtwetterbekleidung eine recht umständliche Prozedur ist, schlüpfe ich aus dem Schlafanzug und nehme ein nächtliches Regenbad. Zum Beschweren der Abspannleinen benötige ich ein halbes Dutzend größerer Steine. Doch in dieser Nacht scheinen sie alle mit dem Erdboden verwachsen zu sein. Was ich für eine Minutenarbeit hielt, dehnt sich zur längeren Suchaktion aus. Ein nackter Troll auf nächtlicher Steinsuche! So geistere ich durchs Lavafeld; und obwohl ich bereits vor Kälte schlottere, lache ich über mich selbst.

Gar nicht weit entfernt flackert ein Lichtschein durch die Regennacht. Ich sehe ihn nur für einen kurzen Augenblick. Gibt es auf Reykjanes Irrlichter, Moore, in denen morsches Holz glimmt? Oder war es das Leuchtfeuer der einsam gelegenen Strandarkirkja[4], das schon so manche Schiffsbesatzung gewarnt hat? Wieder ein Lavabrocken, der sich anheben läßt! Jeden, den ich finde, trage ich zum Zelt, als berge ich einen Schatz. Endlich ist es geschafft.

Mit den ersten Anzeichen einer Unterkühlung krieche ich zurück in die klamme Behausung. Abreiben, anziehen, Tee kochen! Wieder im Schlafsack, wärme ich mir an dem heißen Blechnapf die Hände, dabei horche ich ängstlich auf das Knarren der Spannleinen. Aber der Sturm verliert den Streit mit den schweren Steinen. Beruhigt und erschöpft lasse ich mich in den Schlaf treiben.

Neue Zeitrechnung

Im Regen halb ertrunken, beginnt dieser Tag für mich erst in den Mittagsstunden. Auf Island stellt das Wetter die Uhren. Doch als der Wind umspringt, bläst er einen neuen Himmel hervor – blaßblau und wolkenlos.

Ich möchte, obwohl der Tag schon fast verloren ist, noch eine kleine Etappe weiterkommen. Aber der Weg ist der reinste Parcours. Als zwei wassergefüllte Spurrillen quält er sich im Zickzack durch tausendjährige Lava. Nach einigen Kilometern erreiche ich das erste Gehöft, Hjallí.

Der Jungbauer scheint meine Bitte um Trinkwasser falsch verstanden zu haben, oder meint er es nur gut? Er nimmt die Feldflasche mit in den Stall, um sie dort mit frischer Milch zu füllen. Es kostet mich einige Mühe, ihm verständlich zu machen, daß sich ein solches Gefäß schlecht reinigen läßt und ich doch nur Wasser, *„just water"*, *„vatn"*, haben möchte.

Er beäugt das bepackte Rad. „Woher? Wohin? Auf welchen Straßen?"

Meine Antwort läßt auch ihn zweifeln, und er drückt seine Skepsis noch direkter aus als der Posten vor Keflavik. Mit den Worten: *„You are mad!"* erklärt er mich für verrückt. Wir beide ahnen in diesem Augenblick nicht, daß ich zwei Monate später – nach der Umrundung Islands – an diesem Hof noch einmal um Trinkwasser bitten werde.

Vor der Weiterfahrt werfe ich einen Blick auf das Außenthermometer neben der Tür. Es zeigt 10° C. Isländischer Hochsommer!

Um den Weg in den nächsten Ort, das Häuserhäuflein Hveragerdi, zu finden, bedarf es keines Wegweisers. Die weithin sichtbaren Dampfsäulen, die dort in den Himmel steigen, wirken wie erhobene Zeigefinger. Hier wächst in Treibhäusern Islands Gärtnerstolz: Tomaten, Bananen, Weintrauben – die heiße Erde macht es möglich. Erfreut über den Kilometer Asphalt im Ort, blicke ich im Zorn zurück nach Grindavík. Wie kann man den Weg hierher nur Straße nennen?

Das Wichtige an Hveragerdi sind für mich jedoch nicht die Treibhausfrüchte, sondern sein Lebensmittelgeschäft – das erste auf meiner Route. Das übliche isländische Brot, das *fransbraud* (man hatte mich davor gewarnt), ist genauso fad und geschmacksneutral wie englisches Weißbrot. Doch hier finde ich die Alternative – mit Erdwärme gebackenes *rugbraud*. Es sind dies dunkle, schwere Teigwürfel, die sich, wie ich bald feststelle, zwar beliebig verformen, aber kaum schneiden lassen. Eine in der Backkunst erfahrene deutsche Hausfrau würde über solches Brot urteilen: „Völlig klitsch!" Weil es mich an den Knetgummi meines Sohnes erinnert, nenne ich diese Würfel *softstones;* doch in Scheiben gequetscht und dick mit Salzbutter bestrichen schmecken diese weichen Steine erstaunlich gut.

Dem Abendregen schlage ich heute ein Schnippchen. Schon bevor er einsetzt, steht das Zelt – dieses Mal festverzurrt und im Windschatten eines Hanges. Man sieht, ich habe die gestrige Lektion gelernt.

Während der Nacht ist meine Armbanduhr stehengeblieben. Wie spät mag es sein? Für mich wertlos geworden, verstaue ich die Uhr im Gepäck. Damit beginnt mit diesem Morgen jene Zeitlosigkeit, die mir ein Gefühl zusätzlicher Freiheit gibt. Mein Tagesrhythmus wird nun vom Sonnenstand, von Dämmerung und Dunkelheit bestimmt. Doch etwas mogle ich. Ich beschließe, eine Strichliste zu führen – sechs Tage je eine kleine Senkrechte, am siebten eine sonntägliche Diagonale. Diese Art von „Buchführung" ist notwendig, denn es bleiben Zwänge: die Schaltertage von Banken und Postämtern, die pünktliche Rückkehr in den Alltag. Leider!

Abschwung nach Osten. Der Wind treibt mich mit meinem Rad bis in die kleine Stadt Selfoss. Der Ort duckt sich im Nieselregen. In den Tankstellen des Landes, so auch hier, wartet immer dampfender Kaffee auf Gäste. Als ich den Raum betrete, höre ich vertraute Töne. Aus einem kleinen Lautsprecher klingt es blechern:

Tankstelle auf isländisch

„Ein bißchen Frieden, ein bißchen Freiheit ..." Welch vernünftiger Exportartikel, geht es mir durch den Kopf. Während draußen das Rad im Regen steht, wärme ich mir im Trockenen an der großen, graugrün glasierten Steinguttasse die Hände. An der Fensterscheibe vereinigen sich die Wassertropfen zu kleinen Rinnsalen, und in das trübe Grau hinausblickend, sinniere ich über die Begriffe Islandtief, Isobaren, Isothermen.

Die Stubenwärme und der Kaffeeduft verlocken zum Bleiben, doch vor der Tür warten noch mehr als 2000 Kilometer Inselpiste. Mißmutig schließe ich die Knöpfe des Regenanzuges, klappe den Rand des Südwesters herunter wie ein Visier, und mein *„good bye"* in Richtung der blonden Bedienung klingt etwas wehmütig. Auf geht's!

Der immer mehr an Stärke zunehmende Wind zerreißt die Regenschleier. Ihre Reste verheddern sich in den Hügeln; der Himmel klart auf. Isländisches Wechselwetter.

Die Bremslichter eines Autos, das mich soeben überholt hat, leuchten erschrocken auf. Die in große Pfützen zusammengelaufene Regenflut hat das Relief der Straße eingeebnet. Zischend kühlt das schlammige Wasser die Auspuffanlage des Wagens. Der Fahrer wird vorsichtig. Wie tief mag die nächste Wasserlache sein? Er kurvt jetzt in Schlangenlinien weiter, traut nur dem, was er sieht. An der nächsten Biegung wartet ein Lehrstück aus dem Physikunterricht auf ihn. Dort hat die Schotterpiste eine extreme Schräglage, und er muß gerade soviel beschleunigen, daß er mit seinem Wagen nicht in den Drehpunkt dieser „Zentrifuge" rutscht, andererseits aber auch nicht über den Rand hinausgetragen wird. Schon auf Islands Hauptstraßen sind Rallye-Erfahrungen gefragt.

Ich lerne an diesem und in den folgenden Tagen die Autofahrer von einer mir ganz ungewohnten Seite kennen. Alle bremsen ab, wenn sie den Radler passieren. Manche, die mir entgegenkommen, halten sogar an, um mich nicht zu bespritzen. Und immer wieder läßt man mir die Vorfahrt. Dazu aus dem Wagenfenster häufig die Frage: *„Everything okay?"* Es mag wohl auch ein Schuß Mitleid in diesem Verhalten liegen, denn auf Islands Straßen sind Radler arme Exoten.

Ich erreiche das Kirchlein von Skálholt[5]. Weithin sichtbar thront es über der Landschaft – ein Leuchtfeuer des Geistes, Glaube zu Stein geworden. Hier soll Bischof Arason, der hier durch das Henkersbeil starb, nach dem letzten Wunsch gefragt, seine Tochter aufgefordert haben, Rache zu üben.

Endlich ein Stückchen fester Straße. Ich befinde mich auf der Touristenstrecke Reykjavík – Geysire – Gullfoss.

Am Gullfoss, er gilt als der schönste Wasserfall der Insel, herrscht regelrechtes Gedränge. Geländewagen stehen aufgereiht. Ich werfe einen Blick auf die Nationalitätskennzeichen: IS, F, D, GB.

Von einem kleinen Felsplateau herab genieße ich die Aussicht über den Hvitá. Der Fluß fließt breit und behäbig heran, um sich dann unvermittelt wild aufschäumend in den Abgrund zu stürzen. Doch bald werde ich in meinen Betrachtungen gestört. Unten auf dem Parkplatz halten zwei Busse. Wie Körner aus aufgeschlitzten Säcken quillt eine Hundertschaft Touristen hervor. Bunte Schirm-

Gullfoss – der „Goldwasserfall"

mützen, helle Sakkos, Söckchen und Sandalen – die Garderobe von Stop-over-Gästen, welche sich auf den Weg von oder nach Amerika befinden und hier die übliche Tour Gulfoss – Geysire – Thingvellir absolvieren. Ich ertappe mich bei einem Gefühl aus Mitleid und Überheblichkeit.

„Oh, how beautiful! How nice!" Der Gullfoss vermag mit seinen in die Tiefe donnernden Wassermassen die Begeisterungsrufe nicht ganz zu übertönen. Weitere Fahrzeuge kommen. Doch bei abnehmendem Tageslicht verlieren sich die Menschenmassen, und ich habe den Wasserfall für mich allein. Ich stehe auf dem Felsvorsprung wie ein Feldherr, der den Verlauf einer Schlacht beobachtet. Trommelwirbel, Geschützdonner kommen aus der Tiefe. Und es ist das endlose Grollen dieser Kanonade, das mich später in den Schlaf begleitet.

Die Morgensonne malt lange Schatten. Das Getöse des Wasserfalls erscheint mir zu dieser frühen Stunde leiser als am Vortage. Aber wahrscheinlich habe ich mich nur daran gewöhnt. Langsam kriecht das Tageslicht in die Felsnischen und Spalten. Farbtupfer

Der Geysir Strokkur – das „Butterfaß"

werden sichtbar: Arktisches Weidenröschen, Blaublütiges Fettkraut, die Nordische Kuckucksblume. Ich verspüre eine tiefe Freude; und schon die Art, wie ich das Messer an der Brotkante abstreiche, zeigt, welche Zufriedenheit von mir Besitz ergriffen hat.

Der erste Touristenbus kommt. Nun fotografiert mal schön!

Langsam baue ich das Zelt ab, packe das Rad und schwinge mich in den Sattel. Ein Blick zurück – regenbogenfarben bricht sich das Sonnenlicht im emporwirbelnden Wasserstaub. Gullfoss, Goldwasserfall! Das ist mehr als nur ein gutklingender Name, es ist ein Kompliment an die Natur.

Mein nächstes Ziel sind die Geysire. Ich erreiche das Gebiet zur „Hauptverkehrszeit". Überlegen registriere ich die Menschenschlange, die nach Hot dogs ansteht. Ansichtskarten sind gefragt – Abbildungen von Magmaströmen, die Basstölpelkolonie auf Eldey, die Geburt der Insel Surtsey, und auf Glanzpapier springt er noch immer, der Große Geysir. In Wirklichkeit hat er sich längst zur Ruhe gelegt. Draußen, durch Seile abgesperrt, gähnt sein türkisfarbener Wasserschlund: Genug des Spektakels!

Dafür gibt es eine neue Attraktion, den „Strokkur", das „Butterfaß". In dem gefüllten Felsbottich ist immer Bewegung; man spürt, da sind geheimnisvolle Kräfte am Werk. Und plötzlich wölbt sich eine blaugraue Wasserfaust empor, zerstiebt zischend am Himmel. Kameraverschlüsse klicken, Super-8 surren. Sekunden später saugt der Steinschlund laut schlürfend alles Wasser, das er ausgespien hat, wieder ein. Dann beginnt das Schauspiel von neuem. Der Strokkur, eine Zirkusnummer der Natur.

Ich gehe ein paar Schritte abseits, denn nicht nur Großes zählt. Zwischen Grasbüscheln faucht es aus Erdlöchern, wassergefüllte Steintöpfe kochen, als stünden sie auf zu heißer Herdplatte. Es schwappt und spritzt. Schlafende Geysire atmen Schwefeldämpfe aus; ihre aufgerissenen Mäuler muten an wie Pforten zur Unterwelt.

Die Samenstände des Wollgrases wurden früher als Dochte für Tranlampen verwendet

Ein fragender Blick zum Himmel. Wenn ich Glück habe, gewinne ich den Wettlauf mit der nächsten Regenfront. Doch während der Weiterfahrt nach Westen hält mich die Natur immer wieder auf.

Sie legt mir liebenswürdige Hindernisse in den Weg. Im Schotter des Straßenrandes blüht Arktischer Thymian. Später ist es Knabenkraut, das mich anhalten läßt. Ein ganzer Berghang ist mit dieser Orchideenart übersprenkelt. Feuchtwiesen sind durchwebt mit den Silberbärten des Wollgrases; und dann leuchtet weithin ein rostrotes Meer, eine Senke voller Sauerampfer. Im ersten Regenguß erlöscht die Glut der Farben.

Ich schiebe das Rad bergan, passiere die Kálfstindar. In der alten Vulkanlandschaft wirken ihre Erhebungen wie Kohlehalden. Dann holpert die Piste hinunter zum See Thingvallavatn. Ich habe Mühe, das Rad zu halten. Es ist, als fliehe es aus dieser Welt aus Asche, Schlacke und Steinen.

Am Westufer des Sees treffe ich auf eine isländische Familie. Wir teilen uns eine Rasenbucht für unsere Zelte und später auch die „Badewanne", eine Felsspalte, deren Wasser so dunkel erscheint, daß ich bei einem Blick in die Tiefe erschaudere. Hinabzusteigen, um darin ein Bad zu nehmen, ist eine Mutprobe.

Thingvellir – Islands historische Meile

Ich stapfe durch die Geschichte des Landes: „Allmännerschlucht"[6], „Gesetzeshügel", „Galgenfelsen". Etwas abseits füllt das klare, kalte Wasser der Öxará den „Ertränkungspfuhl", einst Hinrichtungsstätte für Frauen, die ihre Männer auf dem Gewissen hatten.

Öxará bedeutet Axtfluß, und der Name hat seine Geschichte: Ein Bauernmädchen, das zur bösen Riesin herangewachsen war, wurde in den Bergen durch den Axthieb eines tapferen Seefahrers getötet. Und als später die Schneide der Axt hier im Fluß angeschwemmt wurde, hatte der seinen Namen weg.

Zu meinem Schlechtwettergepäck gehören ein Büchlein über isländische Götter und Helden, eine Sagenfibel und eine kleine Ausgabe der Edda. Es ist Lesestoff für lange Regentage, wenn mein Zelt zur Wasserburg wird. Heute, auch ohne Regen, lasse ich mich die restlichen Stunden des Tages von dieser Lektüre aus der Realität entführen. Früh genug würde sie mich und mein Rad wieder einholen.

Am nächsten Morgen gilt es, zunächst ein aktuelles Problem zu lösen. Ich brauche Geld. Unten in der Ebene liegt neben dem alten Pfarrhof ein Hotel. Vielleicht kann ich dort einen Scheck einlösen und gleichzeitig etwas Verpflegung kaufen? Die nächste Bank, das nächste Geschäft sind noch mehrere Tagesetappen entfernt.

„Guten Morgen!" Ich grüße so erwartungsvoll, als rechnete ich gar nicht mit einer Absage. Und das freundliche „Aber natürlich", mit dem die Frau in der Rezeption die Frage nach Geld und Kost beantwortet, bestätigt meine Hoffnung. Sie nimmt den Scheck entgegen, greift nach der Tageszeitung, liest aus ihr den aktuellen Wechselkurs ab, rechnet gleich am Rand des Blattes DM in Kronen um und zahlt mir den Betrag aus. Weder Scheckkarte noch Paß interessieren die Frau. Es ist, als hätte ich mit dem Stückchen Bankpapier einen Garantieschein für Ehrlichkeit überreicht. Solchen Menschen muß Betrug fremd sein.

„Nein, nachzählen möchte ich nicht!" Mit einer gewollt achtlosen Bewegung stecke ich die Scheine ein. Es ist der Versuch, wenigstens ein klein wenig von dem Vertrauen zurückzugeben, das man mir soeben entgegenbrachte.

Zum Verpflegungskauf schickt sie mich in die Hotelküche. Dem Koch, den ich dort antreffe, sage ich vorsichtshalber gleich, daß ich mit einem *reidhjól*, einem Fahrrad, unterwegs sei und nur etwas Handfestes und Transportfähiges brauche. Denn wieder auf der Hauptstraße, würde ich wohl ein Lebensmittelgeschäft finden, in dem ich mir alles Weitere kaufen könnte.

Doch der Mann meint es noch besser mit mir als der Bauerssohn vom Gehöft Hjallí. Der Plastikbeutel, den er zu füllen beginnt, baucht mehr und mehr aus. Was da alles hineinwandert! Brot, Wurst, gebratenes Fleisch, Spargelstangen in Schinkenrollen, ein Krabben-Cocktail. Dann überlegt er einen Augenblick. „Fehlt noch etwas?" Es folgen Äpfel, einige Pappbecher (für was eigentlich?), Messer und Gabel, mehrere Servietten. Erstaunt schaue ich ihm zu.

„All right?"

„All right!" bestätige ich. „Und was kostet das?"

Er hält den Kopf etwas schief und kneift dabei ein Auge zusammen: „Fünfundsechzig."

Fünfundsechzig Kronen, ein Spottpreis für dieses Freßpaket! Ich zähle das viele Münzgeld, das sich angesammelt hat, auf den Tisch „... dreißig, vierzig, fünfzig..."

Mit einer Handbewegung stoppt er mein Gemurmel: „Fünfzig reichen."

Ich zögere einen Moment. Das war nicht als Mitleidsvorstellung meinerseits geplant gewesen. Ich hatte mir wirklich nichts dabei gedacht. Viel Kleingeld in den Taschen, das ist einfach lästig. Also gut: *„Many thanks!"*

Wenig später sitze ich unweit des Hotels zwischen gebuckelter Lava. Das auf Moospolstern ausgebreitete Essen wirkt wie die Dekoration in einem Feinkostgeschäft. Ich pikse mit der Gabel in die Spargelstangen, koste vorsichtig von den Krabben. Alles ist echt! Was den Rütteltest auf dem Rad nicht übersteht, muß ich sofort aufessen. Nach dem Schmaus schallt ein lauter Rülpser durchs Thingvellir. Es ist ein Kompliment an den Koch vom Hotel Valhöll.

Auf meiner Tourenkarte zeigt jetzt ein kleiner Pfeil nach Norden, zum Kaldidalur. Wer käme schon auf den Gedanken, daß sich hinter dem Namen „Kaltes Tal" eine der höchsten Bergstraßen des Landes verbirgt?

Ich stoppe einen entgegenkommenden Geländewagen und frage den Fahrer, wie es mit der Beschaffenheit der Piste durchs Kaldidalur aussehe. Der Mann wiegt den Kopf. „Eigentlich nicht schlecht", meint er, „aber mit dem vollbepackten Rad?" Er zeigt auf mein Velo, und die Skepsis, die aus seiner Stimme klingt, ist dabei nicht zu überhören. In mir keimt erneut Trotz auf. Sollte der Straßenposten von Keflavik etwa recht behalten? Ich bedanke mich für die versteckte Warnung und biete dem Steinacker die Stirn.

Bald kann von „fahren" nicht mehr die Rede sein. Pisten dieser Art sind etwas für hochbeinige Geländewagen. Von einer Anhöhe herab blicke ich in den Kessel des Sandkluftavatn. Verwitterte Buchstaben auf einem Holzschild geben den Autofahrern den Rat: *If there is a sandstorm, turn left!* – Im Falle eines Sandsturms links halten. Das bedeutet, irgendwo entlang der Berge, die den Kessel im Westen begrenzen. Ein paar verwehte Reifenspuren zeigen, daß sich dort jeder seinen „Weg" selbst sucht. Unten ziehen dunkle Schwaden. Asche und Sand sind noch schwer von den vorausgegangenen Regenfällen. Sie kriechen vor dem Wind wie Treibschnee. Ich schiebe das Rad. Auf dem feuchten, ebenen Untergrund rollt es zwar leicht dahin wie über Seide, doch bei Belastung sinkt es sofort ein. Dann wird der Sandkluftavatn zum richtigen Sandsee.

Die Piste klettert wieder. Jetzt führt sie hinauf bis an die Schneegrenze durch eine nackte, kalte Steinwelt. Es ist, als suche der Weg einen Durchlaß zwischen den Geröllhalden und den tiefhängenden Wolken. Der hier oben ewig wehende Wind hat die Landschaft ausgeblasen. Mannshohe, noch rasenbedeckte Erdsäulen, Reste des ehemals vorhandenen Bodens, sind die Zeugen seiner zerstörenden Wirkung. Die Vegetation hat längst kapituliert.

Nur noch ein paar Polster Stengellosen Leinkrauts harren aus. Schutzsuchend ducken sie sich hinter Steinen.

Ich habe die Felspassage Skúlaskeid erreicht. Schmelzwasser umspült die Felgen des Rades. Zum zweiten Mal das Knacken einer zerreißenden Speiche. Die Piste zeigt dem Rad jetzt seine technischen Grenzen.

Zur Linken, irgendwo in den Wolken, thront der Gletscher Ok, auf der anderen Seite des Passes liegt der Thoris und ein Stück voraus der Langjökull, der Lang-Gletscher. Sein gewölbter Eisschild wirkt wie der Panzer einer weißen Riesenechse. Er beherrscht den ganzen östlichen Horizont.

Für einen Augenblick vermisse ich meine Uhr, denn der graue, wolkenverhangene Tag erscheint zeitlos. Als es dann zu dunkeln beginnt, mache ich mich auf die Suche nach einem Platz für mein Zelt. Abseits des Weges ragt aus dem Steinmeer einer jener Erdsockel auf, die der Erosion widerstanden. Sein tischebenes Rasendeck – drei Schritte breit, fünf Schritte lang – ist für das Zelt nahezu ideal. Ich stemme das Gepäck hinauf und klettere nach. Hier oben komme ich mir vor wie ein Kapitän auf der Kommandobrükke. Erst am nächsten Morgen, bei vollem Tageslicht, sehe ich, daß dieses Gebilde an seinem Fuß schon so weit abgeschliffen ist, daß es nur noch auf einem schmalen „Kiel" steht, also wirklich die Form eines Schiffes hat. Insofern war der abendliche Vergleich recht treffend.

Der Abstieg aus dem Bereich von Eis und Wolken beginnt. Ein Häuflein roter Dächer leuchtet mir entgegen, die Gebäude des Hofes Kalmanstunga. Er markiert hier die Grenze menschlicher Besiedlung. Am Talboden begebe ich mich gleich auf Blumensuche, denn nach der Fahrt durch die Einöde Kaldidalurs hungert mein Auge nach farblichen Kontrastpunkten. Zu den Entdeckungen, die ich dabei mache, gehören Silberwurz, Schnee-Enziane und eine zweifarbige, mir unbekannte Orchideenart.

Hinter dem Gehöft hieve ich das Rad durch das Gatter einer Schafweide. Schwarzbraunes Gestein, Vulkanschlacke, knirscht unter den Stiefelsohlen. Vor mir liegt die Hallmundarhraun, jenes riesige Lavafeld, in dem sich die sagenumwobenen Höhlen Surtshellir und Stefánhellir befinden. Durch einen Nebeneingang versuche ich den Abstieg in diese Unterwelt. Kalter, feuchter Atem weht mir aus der Dunkelheit entgegen. Überall rinnt, tropft Wasser. Es klingt wie leises Murmeln, manchmal wie das Ticken zahlloser Uhren. Plötzlich versinke ich bis zum Knie in nassem Schnee. Winterwinde haben ihn hereingeweht; in der Kälte der Höhlen wird er übersommern. Dies ist kein Ort zum Verweilen!

Weiter nach Norden, noch tiefer hinein in die Hallmundarhraun, kann ich mich mit dem Rad nicht wagen. Das Terrain ist eher etwas für trittsichere Pferdehufe, aber nichts für einen Drahtesel. Die zwei gebrochenen Speichen von der Kaldidalur-Route und eine geknackte Halterung am vorderen Gepäckträger sind Tribut genug für eine Inlandtour. Westlich des Gehöftes von Kalmanstunga erreiche ich eine kleine Schotterstraße. Als ich unter dem vorspringenden Dach eines Bauernhauses Schutz vor einem Regenguß suche und mir dort meine „Seemannskleidung" überziehen möchte, werde ich von Kindern entdeckt. Im Nu steht ein halbes Dutzend Jungen vor mir – aufgereiht wie die Orgelpfeifen.

Was es an dem Fremden nicht alles zu bestaunen gibt! Vom Messer am Hosenbund bis hin zur Gangschaltung des Rades wird jede Einzelheit begutachtet. Der älteste spielt Wortführer. Stimme und Gestik verraten, daß er die Kleineren aufklärt. Plötzlich in akzentfreiem Deutsch der Ruf: „Mama! Gäste sind da!"

Ich lache wegen des Plurals und hake sofort nach: „He, du sprichst ja deutsch!" Doch die Antwort ist ein Schulterzucken. Sein Wortschatz scheint mit diesem einen Satz erschöpft. Und damit nimmt das Mißverständnis seinen Lauf. Denn nun kommt die Bäuerin hinzu, wohl die Mutter all der Jungen, und winkt mich ins Haus. Ich aber wollte doch nur meine Regenbekleidung anziehen und versuche, der Frau die Sachlage zu erklären. Vergeblich. Wir reden aneinander vorbei, jeder in seiner Sprache. Auch ein paar Sprachfragmente aus früheren Skandinavien-Urlauben helfen mir nicht weiter. Offensichtlich glaubt sie, ich hätte irgendwelche Schwierigkeiten.

Nun versuche ich es mit der Zeichensprache. Ich breite meine Tourenkarte auf dem Tisch aus und bohre unweit des kleinen, schwarzen Kreuzes, das das Kirchlein von Stóriás markiert, den Kugelschreiber ins Papier: „Hier befinde ich mich! *My position! Standplass! Stada!*" Nun müßte der Frau zumindest klar sein, daß ich weiß, wo ich mich befinde, daß ich mich nicht verfahren habe. „Und dort möchte ich hin!" Ich ziehe mit dem Schreiber eine dünne Linie in Richtung Insel-Ringstraße. Doch was von mir als Erklärung gedacht war, wird offensichtlich als Frage verstanden.

Plötzlich macht sie eine Handbewegung, die „warte mal!" oder Ähnliches bedeutet. Dann geht sie zum Telefon. Der große, schwarze Kasten an der Flurwand sieht aus wie ein Relikt aus Johann Philipp Reis' Zeiten, doch das Ding funktioniert! Ein Redeschwall, Gesten, dazwischen immer wieder Blicke zu mir. Dann reicht sie mir mit einem erklärenden *„dóttir"*, Tochter, den Hörer. Tatsächlich habe ich die Tochter des Hauses an der Strippe, die sich in Reykjavík befindet. Drei Sätze mit der jungen Frau, und das Mißverständnis ist aufgeklärt.

Ich reiche der Mutter den Hörer zurück. Die Bäuerin wechselt ein paar Worte mit ihrer *dóttir*, dann entspannt sich ihr Gesicht. Man sieht, wie sehr sie sich darüber freut, daß mit mir alles in Ordnung ist.

Zum Abschied ein langes Händeschütteln, ein Wortschwall, dessen Bedeutung ich nur ahnen kann. Wahrscheinlich sind es gute Wünsche, die mir die Frau mit auf den Weg gibt. Auf der Straße laufen zwei der Jungen noch ein Stück neben dem Rad her, doch in dem groben Schotter geben sie bald auf.

Der Wind wird immer böiger, mausert sich zum Sturm. Fahren ist jetzt nicht mehr möglich. Die Tour verkommt zu einem langen Fußmarsch. Doch als es dann dunkelt, brauche ich mir die drükkende Frage, wo ich in dieser windgepeitschten, vor Nässe triefenden Landschaft ein Zelt aufstellen könnte, nicht mehr zu beantworten. Ein Schild am Straßenrand verspricht ganz in der Nähe Trockenheit und Wärme – das Edda-Hotel von Reykholt.

„Good evening!" Zwischen Tür und Angel bleibe ich triefend stehen und frage, ob für mich noch ein Bett frei sei, wobei ich gleich ergänze, daß ich mit dem Rad unterwegs bin. „Gibt es dafür einen Unterstand?"

Ein Bett sei frei, aber mit einem Unterstand könne man nicht dienen, bedauert die Frau an der Rezeption. Aber ich solle das Fahrrad doch einfach mit ins Hotel bringen.

„Das geht nicht", versuche ich abzuwehren, „es ist klatschnaß und sehr, sehr schmutzig."

„Aber das macht doch nichts! Bringen Sie es nur mit herein."

Diese Dreckschleuder? Ungläubig dreinschauend akzeptiere ich das Angebot. Als ich das Rad dann neben der Eingangstür abstelle, bildet sich unter ihm sofort eine große Lache Schmutzwasser.

„*Sorry!*" Worauf nur ein verständnisvolles Nicken folgt.

Unwillkürlich denke ich an den Zollbeamten, der meinen Abfall beseitigte, an Hjallí, wo man mir die Trinkwasserflasche mit Milch füllen wollte, an die 1500 Kronen, die man mir – ohne nach einer Legitimation zu fragen – im Hotel von Thingvellir auszahlte, an das Freßpaket vom dortigen Koch und an das Erlebnis, das ich vor ein paar Stunden mit der Bäuerin hatte. Dazu jetzt diese Aufforderung, ein vor Dreck starrendes Fahrrad mit ins Hotel zu bringen, so als handele es sich dabei nur um ein Paar schmutzige Schuhe. Ich krame in meinen Erinnerungen. Habe ich Ähnliches schon in meinem Land erlebt?

Am nächsten Morgen ein kritischer Blick aus dem Fenster. Die Blätter der Ebereschen zerren wild flatternd an ihren Stielen wie Vögel an einer Leimrute. Draußen wartet wieder ein windgeblähter Tag.

Auf dem Weg in das Nebengebäude, in dem das Frühstück eingenommen wird, grüße ich mißmutig hinüber zu Snorri, dem großen Sturlungen – Verfasser der Jüngeren Edda[7]. „Warum hat man dir kein größeres Denkmal gesetzt?" frage ich ihn im Vorbeigehen, als stünde der Dichter leibhaftig auf dem Steinsockel.

Im Frühstücksraum fülle ich mir wiederholt den Teller mit *skýr*, einem köstlichen Gemisch aus Dickmilch, Joghurt und Sahnequark. Die Schlangenlinie aus braunem Zucker, die ich darüberriesele, wirkt wie ein Verlegenheitsmuster. Wen zieht es schon hinaus in einen so grauen Islandtag? Aber dann mache ich mich doch auf den Weg.

Bis zu dem kleinen Postamt sind es nur ein paar Schritte. Das Schild „Postur og Simi", Post und Telefon, lockt alle an, die einen Kartengruß loswerden, eine Positionsmeldung nach Hause durchgeben möchten. Ferngespräche werden hier noch gestöpselt, und die lange Wartezeit läßt Zweifel aufkommen, ob diese baumwollumsponnenen Strippen denn überhaupt Anfang oder Ende einer funktionierenden Überseeleitung sind. Doch nur Geduld – es klappt!

Briefmarken gibt es in dem „Stubenamt" aus einem Schulheft mit Rechenkästchen, sortiert zwischen den Blättern. Ganz vorne die 10-Aurar-Marke mit der Abbildung des *canis familiaris*. Diese Haushunde würde ich während meiner Tour noch oft genug an den Fersen haben. Es folgen die Marken mit der Wellhornschnekke, dem Skaftafell-Zaunkönig, dem Goldregenpfeifer. Welcher Isländer kennt ihn nicht, den schillernden *loá*? Die Frau am Schalter stellt mir für Sammlerzwecke die einzelnen Motive und Wertstufen zusammen, getrennt in kleinen Häufchen nach Karten- und Briefporti. So viel Entgegenkommen ist ein Lächeln und *„many thanks!"* wert.

Orkan auf der Insel-Ringstraße

Die Straße läuft jetzt direkt in den steifen Südwest hinein, und mit jedem Stemmschritt gegen den Wind stirbt ein Stückchen meines Planes, irgendwann Kap Latrabjárg, die westlichste Spitze Islands, zu erreichen. Endlose Kilometer in einer Körperhaltung zu marschieren, als kämpfe man auf einem Nordseedeich gegen einen Novembersturm an, das grenzte an Masochismus. Während einer Stehpause im Schutze einer Straßenbake streiche ich das „Unternehmen Westfjorde" endgültig. Es ist eine Kapitulation vor dem isländischen Wettergott.

Das Blechschild als Windbrecher nutzend, hole ich einige Eintragungen ins Tagebuch nach. Ich notiere, wie mir am Straßenrand ein Tisch aufgefallen war, bepackt mit Tomaten, Paprika und Gurken – wohl aus einem der thermisch geheizten Treibhäuser. Zwischen dem Gemüse stand die „Ladenkasse", ein orangefarbener Plastik-Affe mit einem Schlitz im Kopf zum Einwerfen des Geldes. Das nächste Wohnhaus lag ein ganzes Stück entfernt, und weit und breit war kein Mensch zu sehen. Ich ziehe einen etwas lästerlichen Vergleich: Zu Hause ist das Nichtabschließen eines Pkw ein „Tatbestand", nämlich „Verleitung zum Diebstahl"; hier dagegen stehen Ladenkasse und Ware unbeaufsichtigt am Straßenrand. Gibt es hier andere moralische Werte? Ich stapfe weiter.

Endlich! Islands „Highway No. 1", die große Insel-Ringstraße ist erreicht. Dieses Schotterband erstreckt sich über 1500 Kilometer Länge und führt hier direkt nach Norden. Ein Vorteil für mich, denn durch die jetzige Kursänderung wird der Wind fast zur schiebenden Kraft. In den Abendstunden kommt mir an der Auffahrt zum Snjófjöll-Paß ein Konvoi entgegen. Ich deute die Handbewegung des ersten Fahrers als Gruß. Erst später wird mir klar, es muß eine Warnung gewesen sein.

In einer Höhenlage um 800 Meter nimmt der Wind plötzlich an Stärke zu, dabei dreht er etwas auf Nordwest. Dieser Wechsel er-

Straßengeschäft

folgt ungewöhnlich schnell, und ich habe dafür keine Erklärung. Irgendwo zur Linken müßte jetzt der Berg Tröllakirkja sichtbar werden, aber ein bleifarbenes Wolkenband, das vor mir auf der Straße liegt, verdeckt alles. Es gelingt mir gerade noch, in die Regensachen zu schlüpfen und den Südwester festzuzurren, dann beginnt auch schon der Tanz. Die Windgeräusche verstärken sich zum vielstimmigen Heulton. Was nützt hier Schutzbekleidung? Der Regen kriecht an der Hose nach oben, wird vom Sturm unter die Jacke getrieben. Lüftungsschlitze blähen sich auf wie Nüstern, lassen Wasser ein. Von Gesicht und Hals rinnt es von oben in die Bekleidung. Nach wenigen Minuten bin ich völlig durchnäßt. Doch das ist das geringere Problem. Dies ist kein gewöhnlicher Sturm mehr! Die Heultöne an den Felsgraten verschmelzen zu einem schrillen Winseln. Das ist Orkan! Schreckhaft wird mir bewußt, daß sich ein zürnender Wettergott hier in der Einsamkeit wohl sein Opfer sucht.

Aus Wolken-, Dreck- und Wasserwirbeln taucht ein gelber Volvo auf. Der schwere Wagen tanzt wie wild in der Federung, in

Schräglage kommt er über den Paß. Der Fahrer ist so sehr mit der Bändigung seines Wagens beschäftigt, daß er mich nicht wahrnimmt, denn sonst hätte er ganz sicher angehalten. Vergeblich hoffe ich auf eine Felswand, auf eine Geländemulde als Schutz vor den Naturgewalten.

Wieder dieses Winseln, schriller als zuvor. Eine Böe packt mich und wirft mich zu Boden. Rasensoden rollen vorbei, Schottersplitter schlagen mir schmerzhaft wie Hagelkörner ins Gesicht. Ich liege schutzsuchend neben meinem Rad wie ein Beduine im Sandsturm hinter seinem Kamel.

Mir wird klar, daß ich unter allen Umständen von diesem Paß, der sich unglücklicherweise als langgestreckter Bergsattel erweist, herunter muß. Ein paar Schritte, dann liege ich wieder im Dreck. Erneute Versuche. Tief gebückt, wobei ich das Rad luvseitig als Stütze und Schutz nutze, gewinne ich wieder einige Meter. Ich kann nicht sagen, wie lange dieser Kampf dauert, wie viele Kniefälle ich mache, aber plötzlich ist mir, als schleudere man mich aus einem Windkanal. Die Straße kippt ab, senkt sich hinab zum Hrútafjord. Geschafft! Der Paß nach Nordisland liegt hinter mir.

Durchnäßt, erschöpft, völlig verdreckt, das Gesicht und beide Hände aufgeschürft, hocke ich am Straßenrand. Ich schaue zurück. Dort oben, am Fuße der Tröllakirkja, tobt ein Wetterphänomen. Der Paß wirkt durch ein aufliegendes, flaches, drohendschwarzes Wolkenband noch immer wie abgeriegelt. Doch darüber spannt sich ein azurblauer Himmel – mit einigen Lenticularis-Wolken. Ich mache eine „Dokumentaraufnahme", muß dabei aber die Kamera auflegen, weil meine Hände zu sehr zittern.

Zwei Monate später, nach der Entwicklung des Films, schicke ich das Foto mit der Bitte um eine Erläuterung an die Wetterstation von Reykjavík. Die Antwort kommt prompt. Sie trägt das Aktenzeichen BHJ/AES.

Borgthór H. Jónsson, vom *Icelandic Meteorological Office*, erklärt mir in seinem Schreiben nicht nur das damalige Wettergeschehen, er legt sogar eine Handzeichnung bei, um mir die Zusammenhänge zu verdeutlichen. Der Brief des Meteorologen läßt mich das Geschehen noch einmal erleben. Ein paar Zeilen daraus:

„... Sie hatten das Pech, direkt in einen Windrotor zu geraten, der am Fuße der Tröllakirkja den Boden erreichte. In Ihrer Höhe betrug die Windgeschwindigkeit etwa 30 Knoten, aber im Rotor könnte sie auch 50 bis 60 Knoten erreicht haben. Das reicht aus, um einen Menschen umzuwehen ..."

Borgthórs Brief endet mit dem schönen Satz:

„Wenn Sie das nächste Mal nach Island kommen, dann schauen Sie bei unserem Wetterbüro vorbei und lassen sich einen Wetterbericht geben, bevor Sie eine Islandtour per Rad beginnen!"

60 Knoten Wind, geht es mir nachträglich durch den Kopf, das sind mehr als 110 Stundenkilometer – und diese noch beschleunigt durch Böen!

Als ich das Rad zum Hrútafjord hinunterrollen lasse, habe ich wegen meiner physischen Verfassung große Mühe, die Balance zu halten. Und an der Brücke über die Hrútafjardara stürze ich. Was für ein schlimmer Tag!

Am Ufer des Flusses liegt mein Waschzeug herum, die Stiefel stehen nicht regengeschützt unter der Apsis des Zeltes, nasse Kleidungsstücke – achtlos im Gras verstreut – warten aufs Trocknen. Das gestrige Orkantief hatte ein menschliches zur Folge gehabt.

Beim Abbau des Zeltes lasse ich mir Zeit. Nach den Erlebnissen am Vortag – die Hände schmerzen noch, und das Gesicht ist noch nicht ganz abgeschwollen – ist mir nicht nach Eile zumute. Dabei scheint es, als wollte mich das Wetter heute wieder versöhnen. Der Himmel und das jetzt bereits sichtbare Nordmeer wetteifern um das reinste Blau. Ich bummele die Straße entlang, fahre Schlangenlinien. Es geht mir weniger darum, Terrain zu gewinnen, ich möchte vielmehr diesen ersten Sonnentag und die lichtdurchflutete Landschaft genießen.

In den Abendstunden finde ich im Langidalur ein traumhaft schönes Plätzchen für mein Zelt, blumen- und moosumrahmt. Nahebei plätschert ein kleiner Bach. In der tiefen Stille hier klingt das Geräusch des eilig fließenden Wassers wie ein Murmeln. Das Bächlein erzählt Geschichten aus den Bergen, in denen es entspringt. Man muß nur genau hinhören . . . Als die tiefstehende Sonne die Samenstände des Wollgrases durchstrahlt, ist es, als entzünde sie in jedem der silbernen Büschel eine Kerze. Langsam löscht dann die von Osten heranziehende Nacht die kleinen Flammen.

Ein solcher Tag endet nicht einfach; er klingt aus.

Noch immer Sonne und fast wolkenloser Himmel, doch das kann in Islands Wettergeschehen nur so etwas wie ein Intermezzo sein. Kaum wieder auf Strecke, muß ich denn auch bald unter einem Brückenbogen Schutz gegen den ersten heftigen Regenguß suchen. In dem Fluß stehen, mit hüfthohen Gummistiefeln bekleidet, zwei Angler. Einer der beiden singt laut. Ist es die Freude über den großen Fang? Er spult die Leine zurück, zieht aber nur einen kleinen Silberling aus dem Wasser. Lachend bietet er mir den Fisch an. Ich necke zurück, halte ihm die angebissene Schokolade entgegen. Der Mann macht eine hilflos wirkende Handbewegung und zeigt auf das Wasser, das uns trennt; dann wirft er das Fischlein in flachem Bogen zurück in die Freiheit. Und wieder beginnt er zu singen, jetzt noch lauter als zuvor. Ein kurzes Zuwinken – Abschied ohne Kennenlernen. Oder doch?

Die Straße folgt jetzt dem Flußlauf. Wieder führt sie in eine Landschaft, die man wie durch ein Tor betritt, hinter dem die Stille wohnt, in dem man versucht ist, Selbstgespräche zu führen. Ich pflücke mit den Augen Blumen, beobachte den Rüttelflug eines Falken und lasse meine Gedanken über die Berge vorauseilen. Dann bringt mich ein Stückchen Natur zum Halten.

Von einem Hang leuchten weiße, blaue, purpurfarbene Blütenkelche herüber. Es sind Enziane. Bemüht, keine der Blumen zu zertreten, schlendere ich über diese Bergmatte. Auf dem Bauch liegend, schaue ich dann durchs Kameraobjektiv den Blüten ins Gesicht. Sehr zum Schrecken eines Autofahrers, der anhält, weil er wohl einen Unfall vermutet. Mit einer Handbewegung signalisiere ich ihm: „Alles in Ordnung!“ Doch der Mann scheint das falsch zu deuten. Er steigt aus. Ich hebe die Kamera, zeige ihm, daß ich nur Fotos mache. Jetzt hat er begriffen. Im Weiterfahren winkt er mir noch einmal zu. Lästiger Benzingeruch weht herüber.

Es fällt mir schwer, mich von diesem Blumental zu trennen. Die Straße läuft nun den Bergen entgegen, klettert langsam empor und krümmt sich über den Vatnsskard. Von diesem Bergsattel über dem Skagafjord blickt steinumrahmt der Dichter Stephansson hinunter auf seine Heimat.

Jenseits des Passes habe ich Berg und Wind als Verbündete, ich rolle mühelos mit meinem Rad weiter nach Osten, fast bis zum Kirchlein von Vidimýri. Der kleine Holzbau duckt sich zwischen Birken und Ebereschen. Auf seinem Rasendach blüht Löwenzahn. Das Halbdunkel des Innenraumes mahnt zur Andacht, doch an der Giebelfront leuchten die Farben des Teufels, Rot und Schwarz.

Ich kurve ein Stückchen nach Norden, hinüber nach Glaumbaer. Ein paar Kilometer Teerstraße – was für ein Luxus! Doch so malerisch die Häuser dieses alten Island-Hofes mit ihren Torfmauern und Grasdächern auch wirken, nichts kann darüber hinwegtäuschen, daß in solchen Behausungen auch Dunkelheit, Kälte, Feuchtigkeit wohnten. Die bei uns vielzitierte „gute, alte Zeit" war auf Island besonders entbehrungsreich.

Das alte Gehöft „Glaumbaer"

Auf der Weiterfahrt begegnet mir eine Gruppe Reiter auf ihren durchhaltefähigen Pferden. Es sind kleine Muskelprotze mit üppiger Mähne, Individualisten schon mit ihrer Gangart. Und beim *tölt*[8] heben sie den Kopf so stolz, als seien sie sich ihres tausendjährigen Stammbaumes[9] bewußt.

Bevor ich mich wieder in die Berge mogle, eigne ich mir für die Nacht ein Stückchen Land an. Nur ein paar Steinwürfe weit entfernt schläft wohl eine Elfe, denn dort in der Wiese hat der Bauer ehrfurchtsvoll ein Fleckchen Gras von der Mahd ausgenommen. Wer wagte es schon, ein solches Geschöpf zu stören?

Hoch oben in den Bergen liegt die Oxnadals-Hochebene. Bis dort hinauf wird es wohl ein langer Fußmarsch werden! Schneefelder rücken näher. Ein kleiner Gletscher im Norden hat sich eine Wolkenkappe aufgesetzt. Rechts der Straße, im tiefen Einschnitt eines Bergtals, liegen verlassene Gehöfte. Hier hat der Mensch vor der rauhen Natur kapituliert. Auf einem Felsblock hockend, koche ich mir eine Tasse Tee. Seine Wärme hält mir für ein paar Minuten diese karge, kalte Landschaft vom Leibe.

Die erste Begegnung heute: Laut tuckernd schiebt sich ein Traktor vorbei. Hinten auf dem niedrigen Wagen drängeln sich ein Dutzend Schafe. Der Bauer hält an und öffnet ein Klappbrett; laut blökend entspringen die Tiere in die Freiheit der Berge.

Es war mir von Anbeginn klar, daß eine solche Tour für Mensch und Material nicht leicht sein würde; und nun – während der Fahrt hinab ins Tal der Norga – ist es die Technik, die mich im Stich läßt: Aus der Nabe des Hinterrades kommt ein Knirschen. Dort drinnen muß ein Chaos herrschen aus Teilen eines gesprengten Kugellagers und zerbrochenen Zahnrädchen. Dann – noch bevor ich anhalten kann – ein laut schabendes Geräusch, es ist der Schmerzenslaut der sich auflösenden Gangschaltung. Das war's! *Rien ne va plus!*

Ein Blick auf die Karte, Positionsbestimmung. Bis in den nächsten Ort, die Stadt Akureyri, dürften es noch etwa 40 Kilometer sein, ein Teil davon Bergabfahrt. Welch ein Glück! Eine übersehbare Strecke, und am Ende dieser Fußmarschetappe Islands dritt-

Typischer Schafstall

Das Islandpferd – noch immer ein wichtiges Transportmittel

größte Stadt. Hätte mich dieser technische K.o. im Bereich der Ostküste erwischt, so wären es vielleicht 100 Kilometer bis zur nächsten Fischersiedlung gewesen. Nun sehe ich mich in Gedanken schon in einem Fahrrad-Fachgeschäft Ersatzteile kaufen – gleich auf Vorrat. Doch zunächst heißt es „Island per pedes!"

Impressionen aus Akureyri

Es ist bereits Abend, als ich mit angezogenen Beinen und wild wirbelnden Pedalen hinunter ins Zentrum von Akureyri sause. Ich nutze den Schwung noch für eine Ehrenrunde auf einer verkehrsleeren Kreuzung und frage dann den erstbesten Menschen nach der *farfuglaheimilid,* der Jugendherberge. Das Wort *heimili,* Wohnung, klingt schon gemütlich. Da wartet ein Bett ohne Windböen, warmes Wasser zum Waschen, Herd und Heizung. Kaum eine Viertelstunde später hat die Herbergsmutter, eine ältere Dänin, einen weiteren Gast.

Der Zwangsaufenthalt in Akureyri füllt sich mit kleinen Erlebnissen. Wenn meine Buchführung stimmt, ist heute Sonntag. Schon nicht mehr ganz datumssicher, ziehe ich jedenfalls eine weitere Diagonale in meinem Strichkalender.

Ein trauriger Anblick

Vor der Tür der Herberge steht auf einem Steinsockel das ausgewaidete Rad. Es ist ein trauriger Anblick, und ich verdränge zunächst das Problem der Reparatur, indem ich Wäsche wasche, Schuhe fette, das Zelt säubere.

Inzwischen habe ich einen Bettnachbarn bekommen. Es ist David Katz, Student aus New York, ein lieber Kerl. Er berichtet von seinen Wanderungen und von einer Gletschertour. Dabei hatte er den Fehler begangen und sein Zelt auf einer Schotterbank in Flußnähe aufgebaut. Nächtlicher Dauerregen ließ dann den Wasserspiegel ansteigen. Sein Biwak wurde zur Arche Noah, fast die gesamte Ausrüstung war durchnäßt.

Doch sosehr ihn dieser Vorfall auch beschämt, sein Stolz auf den Stammbaum der Familie Katz macht vieles wieder wett. Bald sind wir in einem lebhaften Disput über das Judentum und mittendrin in der Altstadt von Jerusalem: König Salomon, der Tempelberg, die Klagemauer . . .

Nun dirigiert die Herbergsmutter zwei Neuankömmlinge herein.

„Bon giorno!"

„Bon giorno, Italia!"

Die beiden geben sich recht mürrisch. Kein Wunder. Pech, nichts als Pech! Einer von ihnen hat irgendwo seine Kamera liegengelassen, und selten klappt es mit einem „lift", was mich beim Anblick ihrer überdimensionalen Rucksäcke nicht allzusehr wundert. So müssen die zwei immer wieder mit Linienbussen fahren; das schwächt die Urlaubskasse. Doch was soll's! *Viva l'amore!* Schon scharwenzeln sie um die Mädchen herum.

Da ist Marianne aus Göteborg – nicht langbeinig, nicht blond, nicht blauäugig, und doch ein Schwedenmädel. Ich versuche ein Gespräch mit ihr, und bald fragen wir uns gegenseitig aus, kommen ins Erzählen. Marianne verbringt schon seit mehreren Jahren ihre Urlaube auf Island. Stets kommt sie allein, und am liebsten wohnt sie hier auf einsam gelegenen Gehöften. Sie schwärmt für diese Insel, obwohl doch ihr eigenes Land selbst so viel unberührte Natur bereithält. Ihr Blick geht an mir vorbei. Und dann sagt sie nachdenklich, leise: *„Here I am free!"* – Hier bin ich frei . . . frei . . . frei! Die Worte prallen wie Billardkugeln von den Wänden zurück, und obwohl so verhalten gesprochen, hören sie nicht auf nachzuklingen.

Ich antworte ihr nicht gleich. Meine Gedanken springen um Jahre zurück, an den Nordfjord. Im fahlen Licht jener Mittsommernacht wirkten die Berge wie Scherenschnitte. Und in der Stille hörte ich nur ein leises Geräusch, das langsame Atmen des Meeres. „Ich weiß, was du damit meinst, Marianne!"

Die kleine Schwedin lächelt. Verstehen braucht keine Worte. In der Tür wirft sie noch einen Blick über die Schulter zurück: „*Enjoy Island* – laß es dir gutgehen."

Kann man Akureyri etwas abgewinnen? Ich nehme mir die Stadt vor wie ein altes Kleidungsstück, das es aufzutrennen gilt. Doch da ist zunächst ja noch das drängende Problem mit dem Rad. Ich frage mich durch, und jemand malt mir ein Kreuzchen auf den Stadtplan, die Lage eines Fahrrad-Fachgeschäftes. Sofort gehe ich diese auskundschaften, denn das bedeutet Zeitgewinn für morgen.

Im Schaufenster stehen Kaffeemaschinen, Kühlschränke, Fernsehgeräte – und tatsächlich auch ein Fahrrad. Zwischen all den Elektroartikeln wirkt es wie ein Irrtum in der Dekoration. Montag morgen würde sich zeigen, ob dort nicht nur Sicherungen und Kabel, sondern auch Zahnrädchen und Kugellager vorrätig sind. Mit einer Spur Hoffnung gehe ich hinunter zum Hafen, auf Motivsuche.

Unweit des Kais klappert der Wind in den Trockengerüsten voller Dörrfische. Dort steht ein ganzer Stangenwald mit einem „Blätterdach" aus Dorschleibern. Im Hafenbecken drängelt sich eine kleine Flotte Fischerboote. Ein Stückchen weiter warten die Reste ganzer Schiffsgenerationen auf ihren endgültigen Zerfall. Ein breites Band blühender Strandkamille rahmt diesen Schiffsfriedhof ein. Etwas abseits, zwischen Steinen aufgebockt, ruht die „Valdimir". Ihre Holzplanken sind ergraut, die Kajütenfenster erblindet. Aber ihr Besitzer hat das Schifflein wohl noch nicht aufgegeben.

Von der anderen Seite des Hafenbeckens blickt mit bunten Fassadengesichtern eine Reihe alter Fischerkaten herüber. Würde ein Regenguß all die Farben abwaschen, dann gliche die kleine Häuserzeile einem Stückchen Friesland. Schulter an Schulter stehend, scheinen sich die Katen aneinander anzulehnen, und von hier wirken ihre Türen so schmal, als könne man nur seitwärts gehend durch sie eintreten.

Plötzlich und fast lautlos schiebt sich ein weißer Riese in den Blick. An seinem Schornstein leuchten Hammer und Sichel. Es ist die „Maxim Gorki", ein russischer Luxusliner. Wenig später ist es, als sei die Bugwelle des Schiffes weitergerollt, bis in die Stadt hinein. Ganze Hundertschaften von Passagieren schwappen über die Bürgersteige und über die Stufen der wenigen Geschäfte, die heute – es ist wirklich ein Sonntag – geöffnet haben. Lautstarker Stimmenschwall verrät es: Das sind bundesdeutsche Island-Fahrer.

Man ärgert sich über die vielen geschlossenen Läden und über den Zeitmangel für die Einkäufe. Ein besonders großes Gedränge herrscht vor dem einzigen Souvenir-Geschäft, das geöffnet hat. Ich will gar nichts kaufen, möchte nur Mäuschen spielen und lasse mich mit hineinschwemmen. Während die Männer meist unbeteiligt herumstehen, geraten die Stapel der Plaids und Pullover unter die Hände der Frauen. Die Lockmittel sind auch nicht zu übersehen: *Pure Icelandic Wool, Handknitted, Special Offer.* Eine Pyramide Wollknäuel kommt in Bewegung, als habe man ruhende Lämmer aufgescheucht. Schon etwas kurzatmig vom Wühlen meint eine der Frauen wie im Selbstgespräch: „Hoffentlich kann man hier in deutsch bezahlen!"

O Gott! denke ich still vor mich hin lästernd. Dann doch lieber per Rad, trotz Regen und Panne, als mit Luxusliner!

Sammelpunkt der Touristentruppe sind die 112 zur Akureyrar-Kirche hinaufführenden Stufen. Fast auf jeder Sprosse dieser Steinleiter hocken nun Menschen mit prallgefüllten Plastiktaschen und -tüten. Eine der Frauen ist so sehr bepackt, daß sie die bauschige Wollware kaum bändigen kann. Im Vorübergehen sage ich zu ihr mit gespielter Anteilnahme: „Nun, da können Sie unter Deck aber viel stricken!" Sie lächelt als Antwort das Lächeln der Besitzenden.

Ich werfe noch einen Blick in das Schaufenster eines Buchladens. Wußte man etwa, daß so viele Deutsche in Akureyri einfallen würden? Dort liegen Langenscheidt-Wörterbücher, Island-Führer, Laxness' „Die Glocke", Erzählungen junger isländischer Autoren, Sagen – alles deutschsprachige Ausgaben. Dazwischen Zeitschriften und Magazine aus den Rotationsmaschinen in Hamburg. Ich lese ein paar der Überschriften: „Otto! Otto!", „Wählt die stärkste Gruppe der neuen Deutschen Welle!", „Was trägt die Frau um vierzig?" Danke, das reicht! Die nächste Querstraße, dann noch um zwei Ecken – und ich bin wieder in Island.

Vor einem Geschäft stehen Leute an. Es sieht nach Kino-Vorverkaufsstelle aus. Nun wird eine kleine Klappe geöffnet, man gibt Bestellzettel ab und erhält wenig später die gewünschte Ware herausgereicht. Das ist der sonntägliche Lebensmittel-Service.

Einer der Kunden war mit „Willy" gekommen. Das Auto mit diesem Namenszug hat noch einen hölzernen Aufbau, und es wirkt so altersschwach wie die „Valdimir" unten im Hafen. Aus dem hinten am Fond angebrachten Ersatzreifen franst das Grundgewebe. Ein solches Vehikel auf unseren Straßen? Ich höre TÜV und Polizei lachen.

Das nächste Sträßlein. An einer Hauswand aus rohen Basaltblöcken leuchten orangegelbe Farbkleckse, es sind „Umweltanzeiger", Flechten. Wissenschaftler nutzen sie als „Meßinstrumente" für Luftschadstoffe. Wo sie wachsen, da ist die Natur noch in Ordnung.

Ein Stückchen weiter prangen vor einer königsblau gestrichenen Fassade Feuerlilien, und aus den Ritzen der Gartenmauer reckt sich Islandmohn. Ein Treppenaufgang ist fast ganz mit Blumen verstellt. Auf den bröckelnden Stufen blüht und sprießt es aus Töpfen, Blechdosen und Eimern. Das ist gar keine Szene aus Nordisland, das ist Südspanien, das ist ein Innenhof in Cordoba.

Ich schlendere bergan, in den Südteil der Stadt. Am Ufer eines Baches, der später irgendwo zwischen den Häusern verschwindet, drängen sich Weißklee und Schafgarbe, auf einem Hügel entdecke ich wieder Schnee-Enzian. In einem der kleinen Vorgärten grast ein Islandpferd, ein Rasenmäherersatz. Der zottelmähnige kleine Teufel reckt den Kopf über den Zaun, rollt die Augen und stampft mit den Hufen.

Ein Blick zurück, hinunter zum Fjord. Dort liegt die „Maxim Gorki“ noch immer an den Ketten. Aus dieser Höhe wirkt sie wie ein aufgetauchter, weißer Wal. Bald wird sie die 600 Germanen, die sie in die Stadt gespuckt hat, wieder einschlürfen. Noch eine kleine Wanderung am Fuß der Berge, dann gehe ich zurück ins *heimilid.* Das war genug für heute.

„Shalom!“ David Katz möchte zum Vindheimajökull, einem kleinen Gletscher südwestlich der Stadt. Die beiden Italiener stehen bereits, mit den Daumen hoffnungsvoll gen Himmel zeigend, am Straßenrand. Marianne zieht sich gerade ihren blauen Anorak an. Die Jugendherberge leert sich.

Beim Teekochen bekomme ich Gesellschaft.

„Ich heiße Annemarie und bin aus Island. Wo kommst du her?“ Das Mädchen lacht und lehnt, selbstbewußt sich reckend, im Türrahmen. Weil ich nicht sofort antworte, lächelt sie mich unverwandt an. Das ist eine Begegnung, die mich ein wenig entwaffnet. Ich muß erst zu Ende schauen.

„Wie wär's mit einer Tasse Tee?“ frage ich sie endlich. Nun sitzt sie da, den Kopf in die Hängebrücke ihrer Finger gelegt, und fragt mich aus über den „Kontinent“, über „Old Germany“. Sie möchte von Kopenhagen bis nach Rom trampen. Angesichts ihrer naiven Schwärmerei wird mir etwas unwohl. Wie kann ich ihr nur schonend beibringen, daß per Anhalter Reisen für ein so junges, hübsches Mädchen wie sie nicht ohne Risiko ist? „Weißt du, da gibt es Unterschiede zwischen deinem Land und anderen.“ Mit diesen Worten beginne ich meine vorsichtige Warnung.

Später gehen wir zusammen ein Stück in die Stadt hinunter. Dann schnippt sie mir mit den Fingern zu: *„Good bye!“* Ich schaue ihr noch eine Weile nach, bewundere ihre langen blonden Zöpfe, die im Takt ihrer Schritte schlenkern.

Das Fahrrad-Fachgeschäft finde ich mühelos wieder. Die Verkäuferin blickt argwöhnisch auf den zerbrochenen Metallring, den ich ihr entgegenhalte.

„Haben Sie zufällig solche Kugellager?“ frage ich sie. Sie kräuselt die Nase, eine Antwort, die soviel wie „nein“ bedeutet. Dann nimmt sie mit spitzen Fingern, als hätte ich ihr eine tote Spinne gereicht, den verbogenen, kugellosen Kranz und geht damit in einen der hinteren Räume. Nach einer Weile kommt sie zurück und drückt mir einen Zettel in die Hand. Auf dem Papierchen steht die dürftige Auskunft: „Grundagerdi 2", dort würde ich es finden. Immerhin ein Hoffnungsschimmer, und mein *„Thank you"* klingt wohl auch ehrlich.

Den Stadtplan wie einen Kompaß haltend, arbeite ich mich durch die Straßen. Es geht bergan und immer weiter hinaus. Bald befinde ich mich am südlichen Stadtrand. Das muß ein Irrtum sein! Hier gibt es nur noch kleine Wohnhäuser, weit und breit kein Geschäft. Aber schließlich finde ich die „Grundagerdi" und in diesem Sträßchen auch das, was ich so dringend benötige.

Unter dem Treppenaufgang der Nr. 2 steht dichtgedrängt eine Reihe Fahrräder – Rennmaschinen und Oldtimer. Daneben liegt noch ein ganzer Stapel aufgehäuft, vielleicht dreißig an der Zahl. Ein seltsames Durcheinander von Tretern aller möglichen Typen. In mir keimt die Hoffnung, daß sich in einer der vielen Radnaben ein Schweinfurter Kugellager befindet, das man ausbauen könnte.

Auf dem niedrigen Balkon des Hauses steht ein kleines Mädchen. Es angelt – mit einem dicken Wollfaden an einem Stock. Der Rasen ist wohl das Meer und das Geländer die Reling eines Schiffes. Leider klappt es mit unserer Verständigung überhaupt nicht. Ich versuche es mit dem Allerweltsbegriff „Mama" und lege in die Betonung des Wortes ein deutliches Fragezeichen. Zwei Kinderhände drehen sich nach außen. Die Handflächen sagen: „Weiß nicht! Nicht da!"

Doch ich habe Glück, „Papa" kommt gerade nach Hause. Der hört sich mein Klagelied an und winkt mich zur Garage. Mit unverkennbar gönnerhaft-stolzer Bewegung öffnet er das Tor. Ein Eldorado tut sich auf! Lenker, Felgen, Speichen, Kleinteile – alles ist vorhanden. Der ganze Raum ist ein einziges Ersatzteillager. Ich tätige einen regelrechten Großeinkauf, und als ich dieses Fahrrad-Garagenfachgeschäft verlasse, bin ich eigentlich sicher, nun gegen alle Eventualitäten gewappnet zu sein. Doch wie sehr sollte ich mich täuschen!

Am nächsten Morgen steht vor der Tür des *heimilid* das instand gesetzte Rad. Es wartet auf den ersten Pedaltritt. Ich verabschiede mich von der Herbergsmutter. Die alte Dänin gibt sich noch einmal gesprächig. Ihr Stolz sind die für isländische Verhältnisse großen Bäume vor dem Haus. Die Setzlinge stammten aus Alaska, ihr Mann habe sie einst mitgebracht; und als dieser noch lebte, berichtet sie, sei der Garten voller Tulpen und Rosen gewesen. Nun aber habe sich die Natur das Grundstück zurückgeholt. Das alles klingt etwas wehmütig. Und mit einer müde wirkenden Handbewegung unterstreicht sie die Worte: „Weg! Vorbei!" Dann ein *„Vertu saell!"*, *„Good bye!"* und *„Many thanks!"*

An der Bushaltestelle führe ich noch ein kurzes Gespräch mit den dort wartenden Naturfans. Hier schaut es aus wie auf einer Malerpalette. Mützen, Anoraks, Rucksäcke, alles in bunten Farben, dazu das Sprachgemisch. Manchen der Typen würde ich noch wiedersehen. Auf diesem Eiland mit nur einer Hauptstraße kann keiner entkommen.

Die Piste ruft! Vor mir liegen noch gut zwei Drittel der Insel.

Blickt man nach Osten über den Eyja-Fjord, so wirkt der nächste Berg lediglich wie ein größerer Hügel. Doch je näher ich ihm komme, desto höher richtet er sich auf. Die Straße muß ihn in Serpentinen angehen. Oben herrscht noch Restwinter. Dort warten Schneewächten aufs Abschmelzen.

Ein „Leidensgenosse" kommt mir entgegen. Er hat von Osten her gerade die Rückseite des Berges geschafft.

„Bonjour!"

„Hallo!"

Händeschütteln, einschätzend-fragende Blicke. Auch sein Rad ist ein echter Packesel. Wir beide umrunden Island gegenläufig. Der junge Franzose schimpft auf den Wind, den Berg und die Straße. Alles sei *terrible*, schrecklich. Nun, jetzt hat auch er eine lange Abfahrt vor sich. Noch etwas radebrechen – ein Händedruck: *„Au revoir, bon voyage* – gute Reise!" Dann trennt uns der Berg.

In steilen Kehren geht es hinab ins Fnöskadalur – eine freudlose Abfahrt, denn ich muß das Rad teilweise schieben. Besonders in den Kurven ist die Straße nur noch ein aufgewühlter Steinacker.

Godafoss – der „Götterfall"

Terrible! Wie recht der Franzose hatte! Unten im Tal endlich wieder festgefahrener Lehm, und nun schnürt die Piste in einer langen Geraden weiter.

Ich halte am Godafoss, dem Götterfall. Vier Menschen vor einem Wasserfall, das ist auf Island schon ein kleines Gedränge. Der Wikinger Thorgeir soll – zum Christentum bekehrt – hier seine Götzenstelen in den Abgrund geworfen haben. Saga oder Wirklichkeit? Ich lasse von einem Felsvorsprung herab die Beine baumeln und genieße für eine Weile das Naturschauspiel der stürzenden Wassermassen.

Am Mückensee

Bis zum Mývatn, dem Mückensee, sind es jetzt noch knapp 50 Kilometer. Für einen Autofahrer hieße das nur einmal richtig Gasgeben – für einen Radler ist es fast eine Tagesetappe. Aber mir hilft der Rückenwind, so ist diese Distanz vielleicht in ein paar Stunden zu schaffen.

Als das matte Abendlicht die Bergflanken moduliert und die Dämmerung bereits die Täler zu füllen beginnt, erreiche ich den See. Die Straße legt sich in langen Schleifen um sein Ufer, sie scheint dadurch noch einmal endlos zu werden. Dann streckt sie sich durch ein Lavafeld, läuft auf ein paar Häuser zu, auf das Fünf-Türen-Dorf Reykjahlid.

Hotel, Schwimmbad, Campingplatz – das ist in Islands Einöden eine Menge Service. Ich nutze eine der Lavabuchten als Wohnnische und baue in ihr meine Stoffhütte auf.

„Guck mal, wer da ist!" Der Ruf kommt von einem Zelt, das kaum fünf Meter weit entfernt steht. Und der junge Typ, der das zu seiner Begleiterin sagt, ist ein „Bekannter" aus Akureyri. Jetzt hat uns der Zufall sogar zu Nachbarn gemacht.

„Christian", stelle ich mich vor.

„Holger", sagt der andere, „und das ist Sabine, Bine, meine Schwester." Dabei zeigt er auf das Mädchen.

„So, so – deine Schwester." Ich versuche den Zweifel in meiner Stimme gar nicht erst zu verbergen. „Und wie lange wollt ihr hier bleiben?"

„Ein paar Tage, und du?"

„Auch."

„Da könnten wir ja zusammen was unternehmen."

„Mal sehen."

Trotz aller Einsilbigkeit spüren wir alle wohl so etwas wie spontane Sympathie füreinander. Der Auslöser für die schönen Erlebnisse der folgenden Tage.

Wieder Sonnenschein! Keine Spur von Islandtief! Ich schlendere über den Campingplatz. Von der Waschstelle zieht Eierschalengeruch herüber. Es riecht nach Mutters Blumengießwasser – unverkennbar Schwefel. Doch wer in den Morgenstunden diesen Wasserhahn erwischt, der kann sich glücklich schätzen. Warm waschen, das ist in Islands Natur ein Luxus. Dagegen sieht man an den anderen Bottichen verschreckte Gesichter. Was dort eiskalt aus den Hähnen rinnt, müßte eigentlich zu Eiskristallen gefrieren.

An der Tür der Toilette entdecke ich einen Zettel: „Herr G. J. Keizler, Ihr Geldbeutel wurde gefunden. Er liegt im Hotel Reynilid." Da war nicht nur jemand ehrlich, er hat auch mitgedacht. Herr Keizler befindet sich wohl auf Island-Fahrt, und für jeden Island-Fahrer ist der Mývatn ein Zwangsstopp. Und weil diese Toilette hier horizontweit die einzige öffentliche ist, würde – so hatte der Finder wohl kombiniert – Herr K. sie auch benutzen. Ich stelle mir Keizlers überraschten Gesichtsausdruck vor.

Im großen Außenspiegel eines alten englischen Buckelbusses schneidet ein Bursche Grimassen. Er rasiert sich. Da das Fahrzeug ganz ungewöhnlich bemalt ist, frage ich ihn nach der Bedeutung des Kunstwerks. Das wisse er auch nicht, aber das Gemälde stamme von einer Künstlergruppe, bekomme ich zur Antwort. Und da er beim Sprechen sich weiter die mit der Zunge ausgebeulte Wange schabt, klingen seine Worte, als hätte er eine heiße Kartoffel im Mund. Ein weiterer Mitfahrer des Busses hockt vor einem der Zelte und strickt. Er benutzt große Holznadeln und versucht sich wohl an einem Pullover.

Von der Straße schaukelt ein Island-Safari-Bus herauf. Er bringt einen weiteren Schub Anti-Hotel-Urlauber. Bald entsteht eine kleine Zeltstadt, und dann heißt es antreten zum Essenfassen. Schlangestehen für Suppe aus Alutöpfen, das ist Pfadfinderstimmung für Erwachsene.

Ich klettere auf einen der Bergrücken, die den Campingplatz im Norden begrenzen. Von hier oben reicht der Blick weit über das Land. Die Zelte wirken nun wie kleine, bunte Hüte, und die Menschen zwischen ihnen gleichen Ameisen. Der Mückensee erinnert durch seine formenreiche Uferlinie an einen großen Tintenklecks.

Aus der Vogelperspektive erkennt man deutlich die Pseudokrater[10], die gleich Froschaugen aus seinem Wasser schauen.

Weiter im Süden liegen die Vulkane Bláfjall und Sellandafjall, die seit der Eiszeit auf ihr Comeback warten. Nun verschwinden sie auf einmal hinter grauen Schleiern. Doch das ist nicht etwa ein Ausbruch – in der sich anschließenden Wüste, der Ódádahraun, tobt ein Sandsturm. Seine Staubfahnen wehen über das Land und hüllen es ein.

Auch im Osten liegen Vulkane. Dort gähnen wie zwei riesige Steinmäuler die Explosionskrater des Lúdent und des Hverfjall. Man muß sie selbst sehen, diese Urlandschaft. Sie mit Worten zu schildern, wird immer verbales Flickwerk bleiben.

Auf dem Weg zurück zu meiner Lavabucht stolpere ich im Dunkeln über einen Schlafsack. Da träumt tatsächlich jemand unter freiem Himmel. Hoffentlich bleibt der Nachtregen aus.

Inzwischen hat sich ein drittes Zelt zu unseren beiden hinzugesellt.

„Hallo!" rufe ich zur Begrüßung.

„Hallo!" kommt es müde zurück. Ein schmales Gesicht, eingerahmt von schulterlangem Haar und Bart, wird in der Zeltöffnung sichtbar. Sieht aus wie Jesus, geht es mir durch den Kopf. Stand der nicht in gelber Plastikmontur an der Stadtausfahrt von Akureyri? Der Kerl scheint wirklich so müde, als sei er den Weg hierher zu Fuß gegangen.

Während der Nacht war der längst überfällige Wetterumschwung gekommen. Für den Freiluftschläfer muß das ein nasses Erwachen geworden sein. Auch „Jesus" ist schon wieder fort. Zwischen den Zelten staksen Möwen herum. Sie schätzen sehr genau die Gefahrenzone ein. Mit vorsichtigen, immer kleiner werdenden Schritten nähern sie sich, dann ein schneller Schnabelhieb, und das ihnen zugeworfene Brot ist erbeutet.

Was macht man an einem grauen Regentag wie diesem? Aus Holgers Zelt tönt es herüber: „Gehen wir schwimmen und dann was essen?"

„Kein schlechter Gedanke!"

Das Wasser in den Pools hat fast Körpertemperatur. Ein paar tapfere Laufrunden um das Becken, dann der Sprung hinein. Dem kalten Wind wird nur noch die Nase geboten.

Später dinieren wir im Hotel. Als Sabine mein bestelltes *sodid lambakjöt* sieht, markiert sie aufkommende Übelkeit.

„Sei nicht albern", belehre ich sie. „Das ist nicht von einem greisen Hammel. Gekochtes Fleisch ist immer grau – erst recht vom Lamm!"

Das Ulken sollte Sabine bald vergehen. Als wir zu den Zelten zurückkommen, findet sie ihren Schlafsack regengetränkt.

„Scheißzelt!" knurrt Holger.

„Warum reist ihr auch mit einem solchen Provisorium nach Island?" kann ich mir nicht verkneifen.

Doch Bine weiß Rat. Sie bringt den nassen Schlafsack ins Hotel. Dort hängt man ihn in den Heizungsraum, und am Abend soll sie ihn trocken und durchwärmt wieder zurückbekommen.

Am späten Nachmittag regnet es noch immer.

„Wir wär's mit einer Tasse Tee im Sessel?" Auch dies ist wieder Bines Einfall.

Die große Lounge des Hotels ist bei solchem Wetter eine trockene Oase in der Wasserwüste. Wir sind in Blödelstimmung, stapeln tief – sehr tief sogar.

Sabine fischt die Teebeutel aus den Tassen. „Das reicht für noch mehrere Male! Wer von uns holt heißes Wasser?" fragt sie trocken.

Längst werden wir beobachtet, und am Nachbartisch hat man mitgehört. Die Frau beugt sich zu uns herüber: „Hier haben Sie noch zwei Teebeutel, wir benötigen sie nicht!" Verständnisvoll lächelnd überreicht sie Bine die milde Gabe, die nicht mehr aufhören kann zu kichern.

In diesem Augenblick betritt ein älteres, offensichtlich betuchtes Paar den Raum. Der Mann überfliegt mit einem Blick die Lounge-Szene, dann wendet er sich an seine Begleitung: „Hier bekommst du abends keinen Platz mehr, dann sitzen hier die ganzen Schmuddeltypen vom Campingplatz!" Diese Worte tropfen in den Raum. Versnobtes Kapital hat sich artikuliert. Danke, Herr Landsmann!

Offenbar stehe ich mit meinen Gedanken nicht allein. Die gute Stimmung ist wie weggeblasen. Wir trollen uns, gehen zurück in unser feuchtkaltes Zuhause. „Schmuddeltypen" hat er gesagt!

Zwischen den Zelten rennt ein graues „Wollknäuel" kopflos hin und her. Das Entenküken kann unmöglich das zerklüftete Lavafeld überquert haben. Jemand hat es wohl aus falschverstandener Tierliebe vom Seeufer mitgenommen. Sein flaumiges Gefieder ist bereits durchnäßt – ein Todeskandidat. Aus einem Schuh und einem Wollsocken baue ich ihm ein Nest. Vergebliche Mühe. Leise stirbt es vor sich hin, und ich begrabe es in einer Lavaspalte.

„Schaut einmal, wer da zurückkommt!" Gelbe Regenhaut, schulterlanges Haar, schmales, bärtiges Gesicht – kein Zweifel, das ist „Jesus". Einen ganzen, langen Regentag hatte er am Straßenrand gestanden und auf einen Lift gehofft – vergeblich. Morgen, so sagt er, will er es noch einmal versuchen.

Die Regenfront scheint durchgezogen zu sein. Es klart etwas auf – doch nur für ein paar Stunden. Wir drei entschließen uns zu einer Wanderung zum Krater des Hverfjall. Das Besteigen des Vulkans macht Sabine sehr zu schaffen. Auf dem steilen Schuttkegel geht es einen Schritt vor, einen halben zurück. Immer wieder bleibt sie stehen und lobt sich selbst. Dagegen holt Holger mit seinen langen Beinen weit aus. Er spielt Gipfelstürmer.

Endlich sind wir oben. Die Wolken ziehen so tief daher, daß sie sich am Kraterrand verheddern, und der Wind wickelt uns in diese nassen Schleier ein. Außer dem seltenen Erlebnis, einen Explosionskrater von etwa einem Kilometer Durchmesser umwandern zu können, bleibt wenig. Statt der vielgepriesenen Aussicht über den See und die umliegenden Vulkane blicken wir über eine graue Landschaft, deren Konturen durch den Nieselregen verwischt werden. Islands Naturpanorama bei Nässe, das ist wie ein Blick auf die Betonfassade eines alten Stadtbunkers.

Der anschließende Spaziergang durchs Lavafeld hinüber zu den Badegrotten Grjótagjá und Stóragjá wird dann doch noch etwas aufregend. An diesen Höhlen warnt ein Schild:

„Attention! Water Temperature 60° C!"

„Jesus", der glücklose Tramper

Durch eine tektonische Verschiebung hat hier die Erde nachgeheizt. Jetzt noch in den Grotten zu baden, würde bedeuten, sich zu blanchieren.

Im ganzen Mývatn-Gebiet ist die Erdkruste dünn und brüchig wie Blätterteig. Unvermutet faucht heißer Atem aus Erdlöchern. Über einem kilometerlangen Geländeriß verweht Wasserdampf, und ein Stück weiter im Osten brodelt, zischt es gen Himmel.

Auf dem Rückweg sehen wir an der Straße nach Námaskard eine Gestalt. Gelbe Regenhaut, schulterlanges Haar . . . Unfaßbar! „Jesus" wartet noch immer darauf, daß ihn ein barmherziger Samariter in seinem Auto mitnimmt. Ihn kann doch nur noch der Glaube an ein Wunder auf den Beinen halten.

An diesem Abend entschließt sich Holger, seinen Schatz, eine Flasche Johnnie Walker, zu opfern. Unter einem Handtuch versteckt nimmt er sie mit in die Hotel-Lounge. Dort suchen wir uns einen Tisch mit Rückendeckung, denn Sabine soll – von den anderen Gästen unbemerkt – den Whisky in die Tassen mogeln.

Die Bedienung kennt uns schon. Für Hulda sind wir die Ärmsten der Armen, die einen Teebeutel bezahlen und dann zweimal heißes Wasser nachbestellen. Aber heute entschließen wir uns für Kaffee. Als uns das Mädchen die Glaskanne bringt, sagt es, gleich allen Bitten vorbeugend, daß wir noch welchen nachbekommen können. Unsere dreistimmige Dankeshymne klingt wie geprobt.

Holger möchte noch wissen, was danke auf isländisch heißt.

„*Tak fyrir*", sagt das Mädchen mit rollendem R. Dann schreibt es uns die beiden Worte auf ein Stückchen Rechnungsblock.

Es ist unglaublich! Gelbe Regenhaut, schulterlanges Haar ... Von der nassen Landstraße zurück, betritt „Jesus" den Raum.

„Wie lange hast du denn heute gewartet?" frage ich ihn.

„Ungefähr dreizehn Stunden", ist seine müde Antwort.

Warum wird der arme Kerl nur so bestraft? Manche stellen sich an den Straßenrand, und weg sind sie. Er wartet nun schon den zweiten Tag. Nachdem er sich etwas aufgewärmt hat, geht er hinüber zum Zeltplatz. Unser Mitleid begleitet ihn.

Sabine senkt nun schon zum wiederholten Mal die Tassen ab. Unter der Tischplatte verwandelt sich wundersamerweise *Islenska kaffi* in *Irish coffee.*

Später rollt vor unseren Zelten eine leere Whiskyflasche ins Gras. Dieser Tag bekommt in meinen Aufzeichnungen den Titel: „The end of Johnnie Walker".

Während der Nacht ist der Wind aufgefrischt. Er hat die Reste der Regenfront weitergeblasen. Wie Flutlicht liegt Sonnenschein über der Landschaft. Das muß genutzt werden! Reißverschlüsse surren auf, der Zeltplatz belebt sich.

„Raus, ihr Langschläfer!"

Holger grunzt. Sabine knurrt.

„Lahme Typen!" Diese Beschimpfung wirkt. Langsam kommen die beiden hervorgekrochen. Unser Plan: eine Tour um den See. Nach dem Frühstück leihen sich die beiden an der Tankstelle Räder. Es sind zwei ältere Drahtesel; etwas Besseres hat man nicht.

Die erste Station: Dimmuborgir, das Gebiet der „Dunklen Burgen". Was sich dort an Lavaformen türmt, wölbt und windet, kann nur ein übermütiger Feuerteufel geschaffen haben. Men-

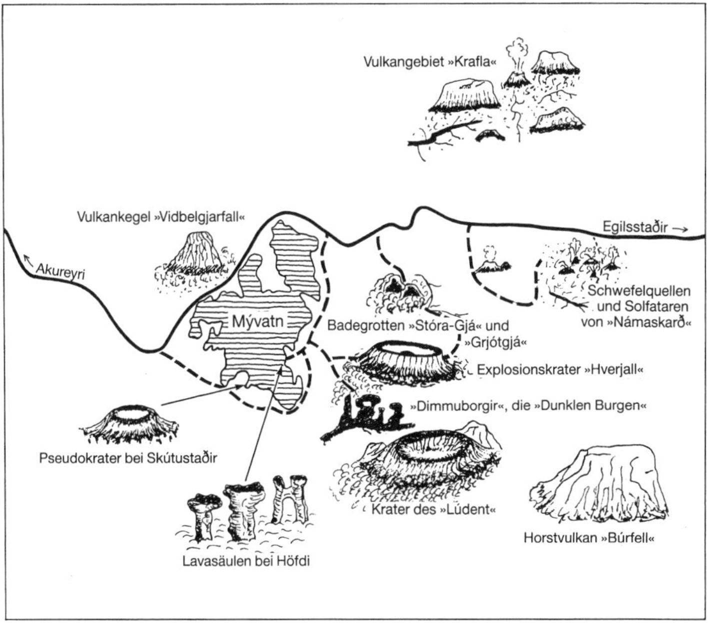

Das Mývatn-Gebiet

schen, denen es an Orientierungssinn mangelt, mögen in diesem Felsenlabyrinth leicht zu „Irrläufern" werden. Wo ist der Ausgang? Auch wir haben Mühe, ihn wiederzufinden.

Etwas weiter südlich biegen wir auf einen Weg ab, der zum See hinunterführt. Er gleicht fast einem Dschungelpfad, denn hier gedeiht eine ungewöhnlich üppige Vegetation. In dem kleinen Wald aus Eschen und Birken reckt sich mannshoch und mit weitausladenden Blättern Engelwurz. Schon die alten Seefahrer kannten diese Pflanze. Ihr Genuß beugte dem Skorbut vor.

Sabine drückt für mich Grasbüschel zur Seite, damit ich ohne störenden Vordergrund Blumen fotografieren kann. Das Mývatn-Gebiet ist nicht nur ein Eldorado für Geologen und Vogelkundler, es ist auch so etwas wie Islands botanischer Garten.

Unten im See ragen im Halbrund Lavasäulen aus dem Wasser. Wollte sich hier der Feuergott Loki einen Tempel bauen?

Bine sucht sich einen Felsvorsprung, setzt sich in Pose und läßt ihr langes Haar im Wind wehen. Dazu fängt sie mit dem Gesicht die Sonnenstrahlen auf, die vom Wasser zurückspiegeln. Spielt sie Loreley? Oder eher Freya? Sie weiß wohl um die Wirkung ihrer kleinen Show.

Doch im Augenblick begeistert mich die Natur mehr: bizarre Lavaformen, Blumenvielfalt und ein Seewasser, das so klar ist, daß man jeden Kiesel auf dem Grund liegen sieht. Zwischen Eschenwald und Ufer tanzen Myriaden von Mücken. Ihre Schwärme wehen wie Stores. Manchmal verdichtet sie der Wind zu dunklen Wolken, dann wieder treibt er sie auseinander. Die Luft flimmert von den Lichtreflexen auf den unzähligen Flügeln. Deren Vibrieren erzeugt ein auf und ab schwellendes Sirenengeräusch, einen gläsern klingenden Ton. Mý-vatn, Mücken-See! Welch treffender Name.

Als wir zur Straße zurückgehen, sagt Holger: „Es war schön hier!" Es ist das erste Kompliment an die Natur, das ich aus seinem Mund höre, und es klingt wie: „Schade, daß wir weiter müssen."

Am südlichsten Zipfel des Sees, nahe einer Uferschleife, liegt Skútustadir. Vor der Tür des kleinen Gotteshauses herrscht dichtes Gedränge. Wer innen keinen Platz mehr findet, reckt sich und versucht, über die Köpfe der vor ihm Stehenden hinweg mitzubekommen, was da drinnen geschieht. Der Kleidung der Leute nach zu urteilen, muß es ein festlicher Anlaß sein, der die Menschen hierher gebracht hat, vielleicht eine Hochzeit oder eine Taufe. Unten am Straßenrand parken gut zwei Dutzend Autos. In der Nähe grasen Pferde. Das Sattelzeug liegt auf einer niedrigen Steinmauer. Hier haben sich das moderne und das alte Island zu einem Kirchgang getroffen.

Etwas weiter fallen uns große, gleichmäßig geformte Erdschüsseln auf. Es sind die schönsten Pseudokrater auf Island. Am Fuße ihrer Ringwälle blühen Enziane und Orchideen. Die Natur am Mývatn ist wahrlich ein Kontrastprogramm!

Lavasäulen im Mývatn

Wir radeln weiter, bis uns ein Schild am Straßenrand mit Messer und Gabel signalisiert: Hier gibt's was zu essen! Die Hamburger, die man uns anbietet, würden nicht mal McDonald's zur Ehre gereichen, aber Hunger macht nicht wählerisch. Dafür hat man eine isländische Spezialität vorrätig: besten Skýr.

Lange dürfen wir uns nicht aufhalten, meine beiden Partner sind keine geübten Radler. Für sie heißt es: Wer rastet, der rostet. Beim Aufstehen horcht Holger auf das „Knarren" seiner Gelenke, und Bine beugt leise stöhnend ihren Rücken. Nun lasse ich sie das Tempo bestimmen. Gebückt, in der Haltung von Schleifsteintretern, radeln die zwei jetzt vor mir her.

„Wie weit ist es noch?" Aus Sabines Stimme klingt Resignation. Sie hat die Länge der Tour mächtig unterschätzt.

Endlich die Zielgerade, die lange Diagonale durchs Lavafeld! Vor dem Zelt plumpst Bine ins Gras. Mit einer müden Bewegung streckt sie Arme und Beine von sich. Sie spielt „sterben".

Am nächsten Morgen löse ich die Spannleinen. Das Zelt neigt sich, haucht die Luft aus.

„Du willst weiter?"

Klang da eben nicht so etwas wie Bedauern aus Sabines Stimme? Mir war so.

„Ja, ich muß. Tschüs, ihr zwei!"

Wir tauschen Adressen aus, dann zerfällt unsere nette Bekanntschaft so wortkarg, wie sie begonnen hatte. Die zurückliegenden Tage waren erlebnisreich und amüsant gewesen, doch für mich so etwas wie Auf-der-Stelle-Treten. Noch nicht einmal die Ostküste ist erreicht!

Durch die „Wüste" Islands

Unter Dampfschwaden hindurch, die zischend aus den Rohren eines thermisch geheizten Kieselgur-Werkes[11] entweichen, zieht die Straße hinauf zum Námafjall. Ringsum leuchtet die Landschaft in Gelbtönen. Aus dem Erdinnern aufsteigende Schwefeldämpfe haben sie eingefärbt und in den kleinsten Rest Vegetation verätzt. Ein Schild warnt: *Advarsel! – Attentione! – Athugid!* Dazu der deutsche Text:

Auf diesem Gebiet von heißen Quellen sind viele Leute durch die dünne Erdkruste getreten und haben sich sehr gebrannt. Treten Sie nur auf den braunen Lehm, treten Sie aber nicht auf die hellen Flecke!

Das scheint ja ein tückisches Stückchen Island zu sein. Überall faucht und zischt es. In großen Erdlöchern brodelt Schwefel-

Verätzte Erde – Solfatarenfeld von Námaskard

schlamm, die „Kochtöpfe des Teufels". Aus einem Felsschlot entweicht mit so hohem Überdruck Dampf, daß es peift und rauscht, als habe ein Lokführer das Kesselventil geöffnet. Hier am Námafjall glaubt man sich der Hölle wirklich sehr nahe.

Nun zielt die Straße auf einen Punkt am östlichen Horizont und läuft in jener Endlosigkeit weiter, die man auf der kleinen Insel gar nicht erwartet. Ringsum Lava, schwarzbrauner Vulkansand und windgeschliffene Steinmeere. Nordisland hat Wüstencharakter.

Steinmeer in Nordisland. Im Hintergrund der „Göttersitz" Herdubreid

Über dieser menschenfeindlichen Landschaft thront der Berg Herdubreid. Er liegt zwar weit abseits der Straße – die Entfernung mag gut 60 Kilometer Luftlinie betragen –, doch in der klaren Luft scheint dieser „Sitz der Götter" viel näher.

Abgestützt auf hohen Betonpfeilern hangeln sich Stahltrossen über den Gletscherfluß Jökulsá á Fjöllum. Es ist die erste solide wirkende Brücke, die ich auf Island sehe. Das Wasser des Flusses ist zementfarben. Es transportiert Asche, Sand und Gletscherschliff, räumt das Land aus.

Ich biege nach Norden auf eine Nebenstraße ab. Ein paar Autos überholen mich. Der Wind trägt ihnen die Staubwolken nach und verweht ihre Fahrspuren zu Riffelmustern. Die Straße verkommt langsam zur Piste. Etwas weiter östlich, auf dem Hölssandur, tanzen Staubteufel. Dort fegen kreisende Windbesen den Sand zusammen und wirbeln ihn empor.

Mein Ziel sind die Wasserfälle am Unterlauf der Jökulsá á Fjöllum. Davor, so hatte ich irgendwo gelesen, haben die Götter das Wellblech gelegt. Gemeint ist damit die Straße Nr. 51 – und diese Piste fordert mein Rad bis aufs letzte. Es bekommt regelrechte Anfälle von Schüttelfrost, die Schutzbleche beginnen zu klappern, weil sich die Schraubenköpfe durchstanzen. Bis zum ersten Speichenbruch kann es nicht lange dauern.

Jetzt durchkurvt die Piste eine grobschlächtige Steinwelt. Die ersten, die diesen Weg gegangen sind, müssen Zyklopen gewesen sein. Wer sonst wäre in der Lage, Felsblöcke von diesen Dimensionen beiseite zu rollen?

Als ich den Dettifoss erreiche, zielen die letzten Sonnenstrahlen auf den großen Wasserfall. Sein Grau bekommt dadurch einen schalen, gelblichen Farbton. Schön ist er nicht gerade, Europas Größter, aber doch eindrucksvoll.

Schäumend und wild strudelnd biegt der Fluß um einen Felsblock. Er scheint es eilig zu haben, sich in den Abgrund zu stürzen. Die hohen Wände der Schlucht bündeln das Donnern der Wassermassen. Seinem Widerhall bleibt nur der Weg in den Himmel.

Ein paar Kilometer weiter nördlich versuche ich, den Boden der Schlucht zu erreichen. Aber dieser Weg ist nun wirklich kein Parcours mehr für ein Fahrrad. Es rollt noch einige Meter, dann bleibt es stehen – unwillig wie ein Esel. Als ich einen Fuß absetze, macht es leise „hfft!". Bis über die Knöchel umschließt mehlfeiner Staub den Stiefel. Jetzt muß ich das Rad schieben, und dabei hinterlasse ich Fußstapfen, groß und tief wie Elefantentritte.

Sollten in dieser Gegend etwa noch Menschen wohnen? Auf einer kleinen Holztafel ist der Schriftzug „Hafurstadir" zu lesen. Das klingt nach Gehöft, und ich finde es auch. Aber es ist verlassen. An der Fassade des Wohnhauses hat ein Gemälde Wind und Wetter überstanden. Es zeigt den Vígabergsfoss, einen weiteren Wasserfall der Jökulsá. Sein Anblick macht mir bewußt, daß meine Feldflasche schon seit Stunden leer ist. Ich hatte nirgendwo eine Möglichkeit gehabt, sie aufzufüllen, denn in dieser porösen Landschaft versickert jeder Tropfen in den Untergrund. Auch der Bach, der zu dem Hof führt, ist so gut wie ausgetrocknet. Auf seinem Restwasser schwimmt ein dicker Staubfilm. Ich strudele mit den Fingern ein Loch in diesen Belag, stoße den Hals der Feldflasche hindurch und fülle sie voller Skepsis mit Tümpelbrühe. Doch lieber Staub und Mückenlarven im Trinkwasser als Cholerabakterien!

Das Gelände neigt sich, der Weg nähert sich dem Fluß. Als schmale, vom Wind tief ausgeschmirgelte Spur windet er sich durch Zwergbirkengestrüpp. Selbst übliche Geländewagen würden hier mit den Bodenblechen aufsitzen. Und sollten sich trotz allem zwei besonders hochbeinige Typen begegnen, so müßte einer der Fahrer den Rückwärtsgang einlegen, denn bei einer Spurtiefe von vielleicht sechzig Zentimeter gibt es kein Ausweichen. Da wird jedes Auto zum Schienenfahrzeug.

Am Rand der hier nicht mehr so tiefen Schlucht rutscht die Piste noch über ein paar Felsen und endet schließlich zwischen losem Gestein. Der Rest ist Stiefelarbeit.

Meine Kleidung ist staubgetränkt, im Trinkwasser wedeln Mükkenlarven. Lästiges macht liederlich. Zu faul, jetzt noch entlang der Felswände auf die Suche nach einem Quellbach zu gehen, verzichte ich auf die Abendwäsche. Schmuddeltyp! Für heute sollte der Bonze aus der Hotel-Lounge recht behalten!

Unter azurblauem Himmel erwacht ein neuer Tag. Die Schlucht füllt sich mit Licht. Man erkennt jetzt die schöne Säulenstruktur der Basaltwände. Im Süden rücken die Felsflanken immer weiter zusammen, engen den Gletscherfluß ein, zwingen ihn zu schnellerem Lauf. Seine Wasserfälle, Vígabergsfoss und Hafragilsfoss, wirken wie Fluchtsprünge. An einer Stelle weitet sich der Canyon. Dort ruht ein Felsblock mit den Ausmaßen eines mehrstöckigen

Blick auf die Jökulsá-Schlucht

Hauses, der sich als besteigbar erweist. Von seinem Dach habe ich einen herrlichen Rundblick.

Zu Füßen des Felsens schäumt die Jökulsá durch einen Flaschenhals aus Stein. Beiderseits ergießen sich in sie zahllose Quellbäche. Sie entspringen den Felswänden und sind die Sickerwasser vom höhergelegenen Hölssandur und von der Ebene westlich des Flusses. Über dem dortigen Ufer lauschen ohrmuschelartige Gebilde aus Basalt dem Donnern der Wasserfälle: die „Echofelsen".

Dieser Hochsitz ist ein Platz, den es notfalls zu verteidigen gilt. Doch wer wollte ihn mir streitig machen? Ich bin der einzige Mensch hier.

Der Weg zurück führt erneut durch Staub, Sand und über Steine. In den Spurrillen der Piste säuselt mir der Wind entgegen. Ich wünsche mir Ballonreifen ans Rad – Modell 1910. Eine Staubschlange mit gelben Leuchtaugen nähert sich – ein Überlandbus. Der Fahrer hat wohl den Insassen den Radfahrer angekündigt. Die Leute drücken sich an den Scheiben die Nase platt, manche sind sogar von den Sitzen aufgestanden. Kaum ist das Fahrzeug vorbei, verschluckt mich seine Staubschleppe. Als ich aus ihr wieder auftauche, trage ich ein aschgraues Büßerhemd.

Wieder auf Höhe des Dettifoss, erkenne ich die zwei Gestalten schon von weitem. So kann nur Bine lümmeln! Und Bruderherz Holger verlängert mit seiner schlaksigen Figur die Silhouette eines Felsens.

Bine und Holger, die Wegelagerer

Dem lachenden „Hallo!" folgt ein Klagelied. In zehn Stunden hätten sie ganze 40 Kilometer geschafft, und nun schon wieder endloses Warten. Holger rechnet diese Leistung auf die noch zurückzulegende Strecke um; dabei kommt er zu dem Ergebnis, daß sie den geplanten Zielhafen etwa eine Woche nach dem Ablegen ihres Schiffes erreichen werden. Doch aus seiner Ulk-Kalkulation klingt Zweckpessimismus.

„Es wird schon klappen", mache ich den beiden Mut. „Also dann!" Ich mache das Siegeszeichen. „Und das Foto, wie ihr hier wegelagert, schicke ich euch."

Über dem Sandur tanzen wieder die Staubteufel – wilder noch als auf der Herfahrt. Bleibt mir nur vom Leibe! Ein Blick durchs

Tele zeigt erst richtig, was sich dort drüben abspielt. Von dem blanken Bergrücken wehen lange Staubfahnen herab. Sie beginnen Kreise zu ziehen und sich immer schneller aufzuwickeln. In ihrer Mitte scheint ein Rotor zu wirbeln. Nun steigen sie als dunkle Säulen in den Himmel, laufen staubaufsaugend wie Windhosenrüssel über den Sandur und zerfallen schließlich. Dann beginnt das Spiel von neuem. „Bleibt mir nur vom Leibe!" wiederhole ich laut, und ich sage das fast bittend.

Ein kleiner, wippender Punkt in der Ferne nimmt beim Näherkommen Gestalt an: ein Mensch. Die wohl seltsamste Begegnung der ganzen Reise steht mir bevor.

Es ist ein etwa zwanzigjähriger Bursche. Er ist auffällig leicht gekleidet, trägt keinen Rucksack und hat nur eine Glasflasche mit Wasser im Arm. Diese wiegt er wie ein Kind seine Puppe.

„Hallo!"

„Hallo!" kommt es zurück.

Das klang aber verdammt deutsch, denke ich und frage nach. Richtig getippt. „Was machst du denn in dieser verlassenen Gegend, ohne Gepäck und zu Fuß?" frage ich weiter.

„Ich habe meine Regenhose verloren."

„Und dein Rucksack?"

„Der steht . . ." Er macht eine fahrige Handbewegung, deutet nach Südosten.

„Wenn du sie dort verloren hast, warum suchst du sie dann hier?"

Der Bursche beantwortet mir die Frage nicht. Er fährt sich mit der Hand gegen den Strich durchs Haar – dann wieder diese Halbkreisbewegung.

Ich entfalte meine Tourenkarte. „Zeig mal, wo deine Hose liegen könnte!"

Nach längerem Schweigen deutet er auf einen Punkt an der Ringstraße. „Hier muß sie sein. Kommst du da vorbei?"

Die Stelle, auf die er zeigt, liegt nahe der Einmündung der Nr. 85. In den Nachmittagsstunden werde ich sie erreichen. „Ja, komme ich. Soll ich die Hose, wenn ich sie finde, einem Autofahrer mitgeben? Du müßtest dann aber an der Hauptstraße bleiben", gebe ich ihm den Tip.

Nein, zurückhaben wolle er die Hose nicht, obwohl, wie er betont, es eine besonders schöne gewesen sei. Grün mit Bändern und Schnallen! „Wenn du sie findest, kannst du sie behalten", verabschiedet er sich von ihr. „Möchtest du einen Schluck Wasser?" Er reicht mir die Flasche. „Daß ich die Hose verloren habe, ist für mich ein psychologisches Problem!"

Langsam öffne ich den Schraubverschluß, rieche zunächst daran und nehme dann einen kleinen Schluck – tatsächlich Wasser! Ich schaue dem Jungen ins Gesicht: kein fiebriger Blick, kein Zucken um die Mundwinkel, eben nur ein bißchen seltsam. Und weiter geht er mit seiner Glasflaschenpuppe im Arm.

In den Nasenlöchern, in Ohren, Augen und unter dem Hemd – überall juckt Sandstaub. „Der nächste Fluß gehört mir!" schwöre ich mir. Und am Fuße des Dimmi-Fjallgardur finde ich endlich Wasser. Schon auf dem Weg hinunter zum Bach entledige ich mich meiner Bekleidung. Das Bad ist wie eine Neugeburt.

Etwas später begegnet mir ein Kübelwagen, hinter seinen Fenstern zwei lachende Gesichter. Hände flattern einen Gruß heraus. Es hat sich also doch jemand ihrer erbarmt. Sie werden ihr Schiff schon noch erreichen.

Cirren ziehen auf. Es wird Regen geben. Als ich mir einen Platz für mein Zelt suche, hoffe ich, daß bald ein kräftiger Guß den Staub löschen wird.

Ausklingende Nacht. Zwielicht. Es muß noch sehr früh sein. Der Himmel ist zwar wolkenverhangen, doch der zum erstenmal ersehnte Regen läßt auf sich warten. Vor mir liegt ein weiterer Staubtag. Um wenigstens für ein paar Stunden den Staubschleppen der Range Rover und der Überlandbusse zu entgehen, breche ich sofort auf.

Ein Blick die endlose Straße entlang. Sie läuft hinein in die Einsamkeit, als würde sie von dieser angesogen. Vom Mývatn bis zum nächsten Ort, Egilsstadir, erstreckt sie sich durch fast 200 Kilometer Niemandsland. Auf halbem Weg liegt der Einödhof Mödrudalur. Von ihm hatte die kleine Schwedin so sehr geschwärmt.

Ich lausche auf das Laufgeräusch des Rades. Es ist das einzige, was hier die Stille stört – keine Vogelstimme, kein Baum, nicht einmal ein kleiner Strauch, in dessen Zweigen sich der Wind verfangen könnte. Dazu diese Farblosigkeit. Ringsum eine graue, stumme Steinlandschaft. Der Straßenrand ist hier mit Holzpfählen markiert. Ihre gelb angemalten Spitzen sind die einzigen Farbtupfer in dieser Öde.

Ich halte an, hocke mich auf einen Stein. Wie lange durchfahre ich jetzt schon dieses Schweigen? Ein paar Regentropfen fallen. Sie wickeln sich in den Staub der Straße. Plötzlich vernehme ich Motorgeräusche. Aber kein Fahrzeug nähert sich. Dann ein Klingen in meinen Ohren, ähnlich weit enferntem Glockenläuten. Ich mache eine Handbewegung, als wischte ich mir Spinngewebe aus dem Gesicht.

So ist das also. Zum ersten Mal erlebe ich über einen längeren Zeitraum totale Stille – und schon galoppiert die Psyche. Motorgeräusche . . . Glockenläuten . . . Ich schüttle den Kopf über mich selbst.

Das Kirchlein von Mödrudalur – Posten in der Einsamkeit

Der Versuch, diese Stimmung mit dem Objektiv einzufangen, mißlingt völlig. Die Kamera ist taub, und sie sieht nur eine graue Grenzenlosigkeit.
Nun müht sich die Straße einen Berghang hinauf, und oben angekommen sehe ich den Einödhof liegen: drei Dächer, ein kleiner Kirchturm – Mödrudalur. Das ihn umgebende Land wirkt wie ein grünes Auge in der Wüste. Um das Tal erhebt sich ein Ring aus Bergen und Vulkankegeln. Jetzt wünsche ich mir eine Staffelei! Wie anders als mit Farbe und Pinsel könnte man diesen Anblick festhalten?

Vor der kleinen Kirche dienen Basaltsäulen als Stufen. Durch einfaches Fensterglas fällt Licht in das Innere. Der Raum ist von rührender Ärmlichkeit. An der Decke wölbt sich ein blauer Tapetenhimmel, wie von Kinderhänden mit Sternchen bemalt. Das Bild über dem Altar zeigt wohl die Bergpredigt, den See Genezareth, Palmen. Mir fällt auf, daß diese Bäume in einer ihnen untypischen Natur wachsen und daß die Berge im Hintergrund die Form von Vulkankegeln haben. Kein Zweifel: Island muß dem Maler bei seiner Arbeit Modell gestanden haben.

Schon die Schlichtheit des Raumes mahnt zur Andacht. Dieses Kirchlein möchte ich nicht eintauschen gegen einen Dom, gegen die Pracht der Kartause von Parma.

Ich werfe einen Blick in das Gästebuch. Namenwirrwarr: Steinum Steingrimsdottir, Birgit Müller-Glunz, Mister Coulson, Benedikt Einarsson[12] ... Ich versuche in diesen Namen Gesichter zu lesen, mir die Menschen vorzustellen: eine blondzöpfige Isländerin; eine selbstbewußte Mittvierzigerin aus Mainz; ein Lehrertyp; ein hagerer, hochaufgeschossener Schwede, der sich gebückt stehend hier in das Buch einträgt.

Noch ein Gang über den kleinen Friedhof. Er umfaßt das Kirchlein symbolhaft – Taufstätte und den Tod als Nachbarn. Hier hebt kein Marmorengel segnend die Hände, es fehlt jede Goldschrift, jede Blumenpracht.

Eine Basaltsäule mahnt, ein Felsen in Sargform ist Andeutung genug. Auf den Gräbern wächst nur Gras. Man spürt diese wohltuende Gleichheit für alle.

Ich schaue hinauf zur Turmspitze. Die kleine Glocke hängt geschützt hinter Glasscheiben, als sei sie das Feuer eines Leuchtturmes. Wenn sie läutet, dann müssen die Klänge das weite Tal durcheilen wie Wellenringe das Wasser nach einem Steinwurf.

Gedankenverloren gehe ich zu meinem Rad zurück. Dort erwarten mich zwei Isländer. Einer der Männer deutet auf die Landeswappen an meinem Rucksack.

„Du reist wohl sehr viel." Hinter der Feststellung klingt ein Fragezeichen.

Ich antworte ihm nicht gleich, notiere noch etwas über das Kirchlein in mein Tagebuch und deute dann zurück: „Ich war gerade da drinnen. Das Gemälde über dem Altar sieht ziemlich isländisch aus."

Die Antwort ist ein gedehntes „*Yes*", und er beginnt zu erzählen: Das Bild habe der Einödbauer selbst gemalt. Auch die kleine Kirche sei seiner Hände Werk. Er lobt ihn als rechtschaffenen Mann und berichtet, daß er wegen seines ungewöhnlich lauten Gesanges weit bekannt sei. Stehe die Kirchentür offen, dann klänge die Stimme des Bauers durchs ganze „Tal".

Ich blicke in die Runde. Vielleicht 20 Kilometer sind es zwischen den Horizonten. So schnell also entsteht eine kleine Saga! Nun möchte ich von den Männern noch wissen, ob die Kirchenglocke in den letzten Stunden geläutet habe. Sie verneinen das. Also war es doch die Stille, die mir diese Klänge vorgegaukelt hatte.

Auf der anderen Straßenseite liegt eine Imbißstube, halb Geschäft, halb Restaurant. Schon ihr Name beleidigt: „Fjallakaffi", Berg-Kaffee. Ich studiere die Speisekarte. Das Angebot paßt zu der Einöde:

MENU
Hot sandwiches
Cold sandwiches
Hot dogs.

Doch trotz aller negativen Amerikanismen pflegt man auch hier noch die positive, nämlich die schöne Sitte, daß nur der erste Kaffee zu bezahlen ist, alle weiteren sind frei.

Zwischen stillem Lästern und Genießen verbummle ich eine Stunde, dann geht es weiter.

Jetzt spannt sich die Straße wie eine Sehne. Mödrudalur bleibt zurück, die Weite einer Steinwüste verschluckt mich. Bis eine Nebensächlichkeit mich wieder stoppt. Aus dem grauen Schottermeer blinkt die Wasserfläche eines kleinen Teiches herüber. In der toten Landschaft wirkt er wie eine Träne. Dieser spiegelnde Fleck – ohne Leben, ohne Uferbewuchs – paßte eher auf einen erdfernen Planeten. In Gedanken verkitsche ich ihn, lasse Seerosen und Plastikschwäne auf ihm schwimmen.

Die Straße scheint es immer eiliger zu haben. Geradlinig läuft sie bergan, saust hinab ins nächste Tal, klettert wieder. Von einer Kuppe herab werfe ich einen Blick zurück: Der kleine, weiße Punkt im Westen, das müßte das Kirchlein von Mödrudalur sein. Es beginnt sich im Dunst der Ferne aufzulösen. Ich schaue in die Runde: Von Horizont zu Horizont dehnt sich eine braungraue Endlosigkeit, überspannt von einem blassen Milchhimmel. Die Worte der Schwedin fallen mir ein: *„Here I am free!"*

Vor mir liegt ein großer Talkessel, eine riesige Schüssel, ausgefegt und blankgescheuert vom Wind. Dort unten kriechen zwei gelbe Augenpaare heran. Sie blicken aus Staubwolken hervor, als suchten sie den Weg. Die ersten Autos! Als die Fahrzeuge sich dem Berg nähern, verhallt ihr Motorgeräusch; nach einer Weile tauchen sie laut brummend wieder auf. Die starke Steigung macht den Wagen zu schaffen. Einer der Fahrer hat mich bemerkt, stoppt und winkt herüber. Doch mir ist überhaupt nicht nach der Gesellschaft von dröhnendem Blech. Mit einer betont unwirschen Handbewegung deute ich an: „Los, hau ab! Du störst!"

Er scheint das verstanden zu haben. Der Wagen setzt sich wieder in Bewegung. Als die beiden Fahrzeuge verschwunden sind, kehrt die Stille zurück.

Der Verlauf der Straße gleicht weiterhin dem einer Hochspannungsleitung: abstützen auf den Bergkuppen, durchhängen in den Tälern. Ein Spiel, das sich endlos lange wiederholt.

Allmählich ändert sich das Bild der Landschaft. Sie verliert den Wüstencharakter. In ihr schattenfarbenes Grau mischen sich

Sandkessel in Nordisland

Grüntöne. Ein Traktor tuckert vorbei. Schafe blöken. Die Stille bröckelt. Das, was eine Landschaft wirklich groß macht, stirbt.

Am Saenauta-See weicht das öde Steinmeer sogar üppiger Blumenpracht. Auf den Hügelflanken über dem Ufer liegt ein zarter Roséschimmer, die Invasion der Grasnelkenblüte. Im Vordergrund wogt es silbrig-weiß. Für einen Augenblick überkommt mich der Wunsch, die Tümpel aus Wollgras zu durchwaten.

Aber schon wenige Kilometer weiter östlich blockieren wieder Berge den Blick. Die Straße läuft geradlinig auf sie zu, als brauchte sie Schwung, um dieses Hindernis zu überwinden. In den Höhenlagen warten Wind, Wolkennässe und Kälte auf mich. Der Sattel der Jökuldalsheidi ist rauh und sturmzerzaust. Flugsand hat die Leuchtfarbe einer Schutzhütte zerschmirgelt. Noch einmal flackert die Einsamkeit auf. Aus einer Laune heraus schiebe ich das Rad. Irgendwann erreiche ich die Wasserscheide. Folgte ich nun dem nächsten Fluß, führte er mich direkt zur Ostküste.

Auf das Rad wartet die lange Abfahrt hinunter zur Jökulsá á Dal. Ich spreche zu ihm wie mit einem Gaul. Doch es wird ein

Hinuntertasten, denn der grobe Straßenschotter läßt ein Bergabgaloppieren nicht zu. Dafür kann ich die Natur genießen, die Ausblicke auf bizarre Felsgrate, auf den reißenden Gletscherfluß, auf die Wasserfälle, die von der Hochebene des Smjörfjöll herabstürzen. Es sind die Brautschleier einer jungfräulichen Natur, endlos nachgewebt von den Schmelzwassern der Berge.

Eine Felsenge dient dem Brückenschlag über die wilde Jökulsá á Dal. Aufschäumend zwängt sich der Fluß durch dieses Hindernis. Am Ende der Passage strömt er befreit in die Breite. Noch einmal steil hinaufführende Serpentinen. Bösartig, wie dieser Berg bukkelt. Doch dann ist es geschafft – die Ostküste Islands liegt jetzt schon greifbar nahe.

Über dem Smjörfjöll leuchtet noch ein Rest des langen Tages. Die Schatten der Berge haben bereits die Täler überflutet. Vom Ufer des Lögurinn blinken Lichter herauf, das Städtchen Egilsstadir. Oder sind es nur die Laternen der Trolle?

Während das Zelt für mich wieder zur kleinen Wohninsel wird, denke ich zurück an den nächtlichen Aufbruch, an die Fahrt durch Einsamkeit und Stille, die meine Psyche ins Stolpern brachten, an Mödrudalur – dieses grüne Auge in der Wüste. Diesen Tag habe ich wie ein Traumtänzer durchfahren!

Annäherung an die Ostküste

Für bundesdeutsche Verhältnisse mag Egilsstadir lediglich ein großes Dorf sein. Hier auf der Insel ist es eine richtige Stadt und für mich – nach Akureyri, das nun schon einige hundert Kilometer zurückliegt – die erste wirkliche Siedlung. Das Ächzen des Rades verstummt, noch ein Rumpeln über die schwieligen Dielenbretter einer Brücke, dann rollt es auf feinstem Asphalt lautlos hinein in ein Stückchen Zivilisation.

Doch auch dieser Ort hat für mich nur Bedeutung als Verpflegungsstation. Nach dem Einkaufen spiele ich für ein Stündchen Genießer. Ich sitze auf einem Felsen am Ortsrand, löffle Sild in Dillsoße und porträtiere die Landschaft mit Worten.

Die Wasserfläche des schmalen, langgestreckten Lögurinn gleicht einem ausgerollten blauen Läufer. Auf den Uferwiesen wird gerade Heu gestadelt. Ein Dutzend Frauen mit Kopftüchern recht nach. Jeder Halm scheint hier wertvoll. Die ganze Szene wirkt ein wenig bäuerlich-bayrisch.

Nur nicht einschläfern lassen von solchen Bildern! Der Wegweiser am Straßenrand holt mich in die Realität zurück:

VÍK 519 km
SELLFOSS 654 km
REYKJAVÍK 711 km

Das kleine Land gibt sich großzügig, wenn es um Distanzen geht.
Unweit des letzten Hauses steht wieder ein Tramper in Hoffnungshaltung. Der Typ scheint mich zu kennen. Er zeigt auf mein Rad: „Du bist also der Deutsche!"

„Woher weißt du das?" frage ich zurück.

„Dein Rad. Es ist aus Aluminium."

Zur Zeit vielleicht der einzige Radtyp dieser Art auf Island, ist mein Drahtesel natürlich Steckbrief genug. Und Bushaltestellen,

Campingplätze, Jugendherbergen sind hierzulande Informationszentren. Dort machen Neuigkeiten schnell die Runde. So hörte ich in der *heimilid* von Akureyri von zwei Österreichern, die mit ihren Rädern im Hochland gesichtet wurden. Und dem Franzosen, der mir über dem Eyja-Fjord begegnete, soll – das erzählte man auf dem Zeltplatz am Mývatn – mit 800 Kilometern Abstand ein Niederländer folgen. Ich würde diese drei noch treffen – und zwar unter recht abenteuerlichen Umständen.

„*Good luck!*" verabschiede ich mich. Von den 711 Kilometern bis nach Reykjavík habe ich erst einen geschafft.

Die Straße kurvt durch den Hallormstadarskógar, Islands größten Wald. Seit die Wikinger für Bau- und Feuerzwecke auf der Insel abholzten und später die Schafe fast alle nachsprießenden Keimlinge verbissen, sind Bäume, wie wir sie kennen, auf diesem Eiland eine Rarität. Auch der Hallormstadarskógar ist nur ein „Krüppelwald". Knorrig, verdreht und windgebeugt gewachsen, ließe sich aus kaum einer der Birken ein Brett schneiden. Zwar schön fürs Auge, wären diese Stämme ein Alptraum für jeden Sägewerkbesitzer.

An dem einsam gelegenen Haus, das jetzt etwas abseits der Straße liegt, kann man nicht einfach vorbeifahren. Sein Dach ist eine kleine Löwenzahnwiese, die Rasensoden hängen zottig über die Traufe. An die Giebelwand lehnt sich ein Schafstall an. Aber wer stützt hier wen? Hinter einem der Fenster krümmt eine Katze ihren Buckel. Sie – und zwei Zimmertomatenstöcke – zeichnen das Haus als bewohnt aus. Fast hätte ich ein Detail übersehen, den Türschlüssel. Seiner Größe nach zu urteilen, könnte man mit ihm das Portal des Kölner Doms verschließen.

Einem Flußlauf in sein Quellgebiet zu folgen, da geht es zwangsläufig bergauf. Kaum gewinnt die Straße an Höhe, verändert sich auch schon die Landschaft. Blumen werden selten, Gras weicht Steinen, die Stengel aller Pflanzen bleiben kurz. Die Natur duckt sich vor dem Wind. Die Berge haben hier besonders faltige Gesichter. Durch ihre Riefen rauschen Bäche zu Tal. In dieser Region gibt es keinen Mangel an kristallklarem Trinkwasser, und ich kann mir den Hausbach für mein Zelt aussuchen.

Als der Sonnenball hinter den Hraungardur rollt, nimmt er den Tag mit. Es dunkelt früh und schnell.

Ich mache noch einen kleinen Rundgang. Dabei entdecke ich ein Blumenpolster, das, durch Steine geschützt, in dieser Höhe ausharrt. In der Abenddämmerung ist seine Blütenfarbe ein sattes Dottergelb.

Die Pflanze ist mir unbekannt, und aus einer übermütigen Laune heraus taufe ich sie „Gelber Augenstern", womit ich beides treffe, ihre Blütenform und ihre Farbe. Später identifiziere ich sie als den Fetthennen-Steinbrech *Saxifraga aiziodes.*

Das leise Trommelgeräusch auf dem Zeltdach läßt es hier drinnen fast gemütlich erscheinen. Ist es nur ein Schauer, oder erwartet mich Dauerregen? Doch als ich die Reißverschlüsse öffne, blendet mich Sonnenlicht. Die „Regentropfen" sind Insekten. Ein ganzer Schwarm schwarzer Fliegen hat sich mein Zelt als Ruheplatz ausgesucht, und jedes Tier erzeugt bei der Landung einen feinen, klopfenden Ton, den der straffgespannte Stoff verstärkt. Es war dieses Geräusch und das leise Plätschern „meines" Baches, was mich an Regen denken ließ.

Doch auch der Sonnenschein trügt. Am Himmel brodeln Wolkenmassen. Dort oben kämpfen Licht und Schatten um die Vorherrschaft. Unablässig wirft der Wind neue Wolkenverbände an die Front. Über das Kristufell ziehen sie heran – bleifarben, naß, schwer. Die Sonne kapituliert.

Noch immer steigt die Straße, und ihr Zustand wird zunehmend schlechter. Eine Abzweigung – sie führt hinunter zum Berufjordur. Dadurch ließen sich vielleicht 50 Kilometer einsparen, doch ein Schild ist für mich Warnung genug.

Es zeigt die Silhouette zweier Pkw. Eines der Fahrzeuge, es ist das mit dem schwarzen Vorderrad (das hintere und die des anderen Wagens sind rot), ist mit einem X durchgestrichen. Die Bildersprache ist unmißverständlich: Nicht für Fahrzeuge mit Normalantrieb. Unten am Fjord werde ich später das Gegenstück vorfinden, versehen mit dem Kommentar eines Fahrers, der diese Piste benutzt hatte. „*Vive l'anarchie!*" schimpft es dort vom Blech.

Bildhaftes Straßenschild

Aus dem Informationsmaterial des isländischen Verkehrsamtes

- Isländische Hauptstraßen sind zwar viel befahren, aber nicht immer in gutem Zustand.
- Andere Verkehrswege werden – falls möglich – in Ordnung gehalten.
- Straßen können sich als sehr schwierig erweisen – der Traum eines Rallye-Fahrers: staubig, kurvenreich, schmal und voller Steigungen.
- Die Pisten durchs Hochland sind wegen Schnee und Schlamm gewöhnlich nur im Sommer passierbar.
- Bedenken Sie, daß es im Inland weder Benzin, Öl noch andere Versorgungsmöglichkeiten gibt.
- In allen Gebieten können plötzlich auftretender Nebel, Sandstürme oder Schneestürme die Sicht bis zu einem gefährlichen Grad reduzieren.
- Aber Autofahren in Island kann zu einer herrlichen Erfahrung werden, wenn Sie es nicht eilig haben.

***

Die Wolken verschlucken die Straße, und mit dieser grauen Nässe kommt die Kälte. Hier oben tragen die Felsen zu ihrem Schutz einen dicken Pelz aus Moos. Die Sicht beträgt nur noch wenige Meter. Ich schiebe das Rad. „Wolkenpassagen" wie diese sind unangenehme Etappen. Die Bekleidung wird klamm, man hat das Gefühl, unablässig mit feuchten Handtüchern abgewischt zu werden.

Ich frage den Fahrer eines Wagens, der mir in Schleichfahrt entgegenkommt, wie weit sich dieses Wolkenfeld noch erstreckt. Jenseits des Passes, bei der Abfahrt hinunter ins Breiddalur, so sagt er mir, käme ich wieder heraus. Vor mir liegt also noch ein kilometerlanger Fußmarsch.

Am Straßenrand taucht geisterhaft eine kleine Schutzhütte auf, die Stefansbud. Es ist, als trete sie für einen Augenblick ein paar Schritte aus dem Wolkennebel hervor, um gleich darauf wieder in ihm zu verschwinden. Beim Anblick der Hütte überkommt mich der Wunsch nach einer warmen, gemütlichen Stube. Doch hier am Fuße des Kistufell bleibt das eine fixe Idee.

Endlich buckelt die Straße. Der Paß ist erreicht. Begleitet vom Rauschen unsichtbar bleibender Wasserfälle beginnt die Abfahrt. Plötzlich reißt die Sicht auf, ich rolle durch die Wolkenbasis. Ein überraschender Ausblick: Vor mir liegt das langgestreckte Breiddalur. Durch die beiderseits steil hochgezogenen Bergflanken wirkt das Tal wie eine halbierte Röhre. Auf seinem Grund mäandert ein Fluß auf der Suche nach dem Meer.

Ich erreiche die ersten Gehöfte. Kleine Holzschilder nennen ihre Namen. Um Steingrims Hof schart sich ein halbes Dutzend Schafställe. Bei den Thorgrims ist das Wellblechdach des Hauses so tief herabgezogen, daß man die Hand darauf legen kann. Unter der Traufe blinzeln kleine Fenster hervor. Unweit davon liegt der Einödfriedhof, umlaufen von einem weißen Holzzaun. Zwei mehrstämmige, knorrig gewachsene Ebereschen halten Wacht über den Gräbern. Auf diesen wächst nur Gras, das niemand mäht, das der Wind kämmt und der Frost stutzt.

Während das Rad fast wie von selbst weiterrollt, genieße ich die Natur. Weitläufige Landschaftsbilder oder Details – wo soll ich zuerst hinschauen?

Im Westen wird das Breiddalur von zerklüfteten Liparitbergen[13] begrenzt. Ihre verwitterten Flanken schimmern graugrün und eisenfarben. Andere Bergstöcke gleichen Urtieren. Wasser- und Eiserosion haben ihre Steinrücken gekerbt. Durch die ungewöhnliche Oberflächenstruktur erinnern sie an Panzerechsen aus dem Trias. Einer der Grate ähnelt gar der Flosse eines Dimetrodons.

Die Berge im Osten dagegen zeigen ganz andere Formen. Sie scheinen von Architekten entworfen. Felsstufen führen hinauf in ein Labyrinth aus Nischen und Höhlen – Wohnstätten für Adler und Gerfalken. Hin und wieder erklingt ein heiseres Keckern. Dazwischen ein dumpfes „Klong! Klong! Klong!" Es sind die hölzern klingenden Rufe der Kolkraben. Auch Munin und Hugin[14], die gefiederten Gefährten Odins, mögen unter ihnen sein. Ich versuche ein wenig in die Bergwelt einzudringen, doch der Weg zu den steil aufragenden Felswänden ist beschwerlich. Unter den Stiefeln bröckelt loses Gestein. Zum Überwinden der Schuttkegel bräuchte man den sicheren Tritt eines Bergschafes.

Je näher ich dieser sonderbaren Welt komme, desto mehr verändern sich ihre Dimensionen. Nischen weiten sich zu Gewölben aus, Stufen wachsen zu hohen Stockwerken empor, darüber schwebende Vogelschwingen. Hier zu kapitulieren ist keine Schande. Ich begnüge mich mit dem, was mir zu Füßen liegt.

In keinem der Bücher, die ich über Island gelesen hatte, wurde das Breiddalur als Mineralienfundstätte erwähnt. Dabei braucht man sich hier nur zu bücken: Achate, kleine Drusen mit Kristallnadeln, malachitgrüne Einschlüsse. Jeder weitere Fund schürt die Sammelleidenschaft. Leider sitzen die schönsten Stücke im gewachsenen Fels, und mit einem Fahrtenmesser als Meißel gegen tausend Tonnen Stein – das dämpft den Enthusiasmus.

Auf dem Rückweg zerrt es an den Nähten der Taschen. Neunzehn Fundstücke – mit einer solchen Ausbeute hatte ich nicht gerechnet. Doch unten an der Straße wartet kein Landrover, sondern ein bereits völlig ausgelastetes Fahrrad. Zwangsläufig muß ich auf die meisten Stücke verzichten, und nun gilt: Wer die Wahl hat, hat die Qual! Bei dem Versuch, von einigen Mineralien zwecks Gewichtsersparnis taubes Gestein abzuschlagen, zerspringen diese.

Das erleichtert die Entscheidung. Übrig bleiben dann nur drei sammelwürdige Stücke, eine Zuladung, die mir das Rad wohl verzeihen wird. Wenige Kilometer weiter lese ich an einem Gehöft den Hinweis: *Steina Sala!* – Verkauf von Mineralien. Die Fundstelle des Bauern kenne ich jetzt.

Nun wendet sich die Straße vom Fluß ab. In langen Wellen überwindet sie eine Hügelkette. Plötzlich verändert sich etwas. Die Luft riecht nach Salz, nach Weite, nach Sehnsucht. Nur noch um ein paar Kurven, dann liegt sie vor mir, die Ostküste Islands. Ich habe das Meer erreicht.

Doch welch eine Enttäuschung! Wenn man weiß, wie wild strudelnd sich am Skagerrak die Wasser von Nord- und Ostsee miteinander vermischen, was müßte dann erst hier geschehen, wo zwei Giganten, das Eismeer und der Atlantik, zusammenfließen? Eine tosende Brandung hatte ich erwartet, Wellenberge, die wütend gegen die Klippen anrennen, Brecher, die gegen Felsen hämmern. Aber nichts von alledem tut sich hier. Nur eine sanfte Dünung, wie ein tiefes Atmen, bewegt das Wasser. Es ist, als umarmten sich die beiden Weltmeere im Schlaf.

Ich gehe ein Stück am schmalen Kieselstrand spazieren. Doch die Schatzsuche lohnt nicht. An Islands Küsten werden meist nur Holz und Reste von Fangzeug angespült.

Während der Weiterfahrt nach Westen drängen die Berge die Straße immer mehr zur Küste hin ab, bis sie letztlich deren Verlauf nachzeichnet. Wieder durchradle ich viele Kilometer menschenleeres Land. Ein Fischer mag es in diesem Teil der Insel nur einige Stunden mit seinem Boot bis in den Nachbarhafen haben, doch der Landweg zwischen zwei Orten dehnt sich auf hundert, ja zweihundert Kilometer. Solche Wegstrecken sind für Überraschungen gut. Die erste wartet bereits hinter der nächsten Biegung.

Das Seenebelfeld, das dort lauert, ist wie eine komprimierte Wolke. In diesem Grau beträgt die Sicht kaum fünf Meter. Die Straße gleitet hinein und verliert sich darin. Wer kennt nicht diese zähe Nässe, die an den Warnlaut der Schiffssirenen und an den punktförmig verengten Lichtschein von Hafenlaternen erinnert?

Als ich das wie wattegedämpft klingende Motorgeräusch eines sich nähernden Wagens höre, räume ich vorsichtshalber die Straße. Sich langsam weitertastend schiebt sich das Auto vorbei.

Fast hätte ich die kleine Ansammlung übersehen, die da im Nebel zusammenrückt: ein Briefkasten, ein Milchbock, die kleine Hinweistafel auf die Jugendherberge von Berunes. Das alles gehört zu einem abseits gelegenen Bauernhof, von dem im Augenblick jedoch nichts zu sehen ist.

Ich schiebe das Rad, folge einem Weg. Der Herbergsvater ist überrascht, daß noch ein Gast eintrifft. In dem *heimilid* wohnen – wie ich gleich erfahren werde – bereits Susan und ihre Mutter. Die beiden Frauen hocken vor einem kleinen Heißlüfter und lassen sich von dem warmen Wind umwehen. Sie hoffen, daß ihre klamme Bekleidung endlich trocknet, und der etwas spitze Tonfall, mit dem sie mein „Hallo!" erwidern, sagt mir: Engländerinnen – und keinesfalls aus dem Black Country.[15]

„*It's an unpleasant day, isn't it?*" beginnt die Konversation über das ungemütliche Wetter.

„Der Seenebel hier ist ja wie der Smog von London!" lästere ich.

Mir ist heute eigentlich nicht mehr nach freundlichem Small talk in geschraubtem Englisch zumute. Berganschieben, Wolken- und Nebelfahrt, das ermüdet. Ich entschuldige mich daher mit meinem Erschöpftsein – „*see you tomorrow*" – und verdrücke mich in die Koje. Zu meinem Zelt gibt es da aber kaum einen Unterschied. Der Raum ist ungeheizt, die Bettwäsche klamm.

Die Fenster sind von innen beschlagen. Am nächsten Morgen lastet noch immer der zähe, dichte Nebel auf der Landschaft; und die Frage, was man bei einem solchen Wetter unternehmen könnte, steht uns dreien im Gesicht geschrieben. Als es ein klein wenig heller wird, entschließen sich Susan und ihre Mutter für einen Entdeckungsgang hinunter zur Küste. Ich will versuchen, einen Teil des gestrigen Weges zurückzufahren; denn mir fehlt ein Stück von Islands Urlandschaft. Der Nebel hatte sie mir vorenthalten. Vielleicht, so hoffe ich, kommt Wind auf, der dann für einen Wetterumschwung sorgt. Doch auch heute ist von der Natur nicht viel zu sehen. Ein paar zerklüftete Bergflanken treten schemenhaft aus dem Grau hervor. Millionen Jahre Zeit hatte die Erosion, den Fels mit ihren Frosthämmern zu bearbeiten. Das Ergebnis sind phantasievolle Formen: der Turmbau zu Babel, die Tempel von Angkor Wat. Doch irgendwie paßt der Nebel zu diesen steinernen Gebilden. Farben wären hier Verschwendung.

Aufliegende Wolken wie dieses Seenebelfeld sind in aller Regel recht flach. Ihre Dicke beträgt oft kaum hundert Meter. Da die Berge an diesem Küstenabschnitt hoch aufsteigen, verleitet mich die Hoffnung, in größeren Höhen Sonnenschein anzutreffen, zu einer Klettertour.

Das Unternehmen ist nicht ungefährlich. Die Felshänge sind steil, der Stein naß und schlüpfrig. Auch ist es wegen der eingeschränkten Sicht möglich, daß ich mich versteige. Geriete ich hier in Not, wer würde mir helfen? Doch bald schimmert milchigtrübes Licht durch den Nebel. Noch ein paar Klimmzüge, dann blendet mich ein Sonnenhimmel. Ich stehe auf einer isländischen Almwiese. Zu meinen Füßen blühen alpine Kleinode: Steinbrech, Ehrenpreis, Sedum-Arten.

Tief unten im Fjord wabert es weiß. Im Westen überragen schneebedeckte Bergspitzen dieses Wattemeer. Aus der Höhe genieße ich einen Blick wie aus dem Cockpit eines Flugzeuges, das über den Wolken fliegt.

Nach einem längeren Höhensonnenbad mache ich mich wieder an den Abstieg; dabei beult ein faustgroßes Stück Jaspis meine linke Jackentasche aus. Auch hier oben liegen die schönsten Mineralien herum – einfach zum Aufsammeln. Erneut in der steilen, nebelgefüllten Felskerbe eines Sturzbaches, die ich bereits für den Aufstieg nutzte, wird mir erst so richtig bewußt, daß diese Solo-Klettertour wohl doch ein Ausrutscher in den Leichtsinn war.

In der Jugendherberge erzählt mir Susan stolz, daß sie mit ihrer Mutter am Strand eine Höhle entdeckt hat und es ihnen gelungen war, aus Treibholz, das eine hochgehende See zwischen die Felsen geworfen hatte, ein Feuer zu entfachen. Dieses Überlebensspiel „Schiffbruch“ ist, so sagt sie, ihr größtes Urlaubserlebnis. Die Begeisterung, die jetzt noch aus ihrer Stimme klingt, bestätigt das. Zwei Frauen, die der Enge und Hektik einer englischen Großstadt entkommen sind, erleben an der einsamen Küste Ostislands ein Stück Kindheit.

Der neue Tag beginnt unifarben wie der vorangegangene. Warten auf Wetterbesserung scheint sinnlos. So entschließe ich mich fürs Weiterfahren. Um den Berufjord zu umlaufen, muß sich die Straße mächtig strecken. Mit dem Boot wären es nur ein paar Ruderschläge bis hinüber ans andere Ufer. Der Landweg aber mißt gut vierzig Kilometer. Leichter Wind kommt auf. Langsam gerät das Nebelfeld in Bewegung. Widerwillig wandert es aufs Meer hinaus. Die Landschaft bekennt wieder Farbe. Der Búlandstindur und seine Nachbarberge zeigen jetzt ihre moosbärtigen Gesichter. Durch ihre schneebedeckten Gipfel sehen sie aus wie alte Männer mit Schlafmützen.

Eine Herde Rentiere wechselt über die Straße. Es sind Nachkommen des einst aus Norwegen importierten Bestandes[16]. Sie stutzen, wundern sich über den Zweibeiner. Beim Klicken des Kameraverschlusses werfen sie den Kopf zurück und fliehen. Die Tiere sind viel scheuer als die schon halb domestizierten Rene der Lappen.

Djupivogur – endlich wieder eine Verpflegungsstation. In dem kleinen Fischerdorf wird der technische Umbruch sichtbar, der sich auf Island vollzieht. Beton löst Holz ab, alte Dachdeckungen weichen Wellblech, und auf kaum einem Haus fehlt die Fernsehantenne. Noch vor wenigen Jahren war TV auf der Insel ein Luxus.

In den Vorgärten liegen als Weg- oder Beeteinfassung Kristalldrusen. Sie sind ein Hinweis darauf, daß Islands berühmteste Mineralienfundstätte, Teigahorn, nicht weit entfernt ist.

Als ich an der Bushaltestelle das verdreckte Rad abspritze – ein bereitliegender Wasserschlauch gehört bei den hiesigen Straßenverhältnissen zum Service für die Autofahrer – gesellt sich eine Gruppe Jugendlicher zu mir. Der älteste der Jungen spricht sogar etwas Deutsch, und nun beginnt eine Stunde des Ausfragens. Ob ich ein Haus besitze, möchte er wissen. Und ob es größer sei als das gelbe da drüben. Ob ich daheim einen Benz fahre. Ob ich Fußball spiele. Ob . . . ob . . . ob . . . Von unserem Land hat der Junge festumrissene Vorstellungen. „Ruhrgebiet schmutzig, Allgäu schön“, höre ich da erstaunt.

Rentiere – Import aus Norwegen

Jetzt kommen noch drei Mädel hinzu. Von den Erklärungen, die ihnen der Bursche gibt, verstehe ich nur ein paar Worte: „Thýzkaland – Deutschland – Island – cykel." Erstaunlicherweise benutzt er die dänische Bezeichnung für Fahrrad. Eines der Mädchen schaut mich an und beginnt zu singen: „Deutschland, Deutschland über alles!"

„Du irrst", kontere ich.

Noch eine ganze Weile dauert das Frage-und-Antwort-Spiel, dann gehe ich Verpflegung tanken. Wenig später hat mich die Straße wieder.

Zyklopenland

Schon seit dem Breiddalur durchläuft die Schotterpiste eine rauhe, menschenfeindliche Landschaft. Die Trasse müssen Riesen angelegt haben. Wiederholt durchbricht sie Felsbarrieren, die Panzersperren gleichen. Steinblöcke von Zimmergröße liegen wie achtlos beiseite geschoben an ihrem Rand. „Zyklopenland" wäre ein passender Name für diesen Küstenstreifen.

Nach dem Aufbau des Zeltes, heute steht es wieder irgendwo im Nirgendwo, gehe ich noch hinunter zum Strand. Wie die beiden Engländerinnen am Vortage finde ich etwas leidlich übertrocknetes Treibholz und dazu einen großen Stearinwürfel. Mit tropfendem Wachs nähre ich dann eine kleine Flamme, und so brennt bei Einbruch der Dunkelheit in dieser baum- und strauchlosen Steinlandschaft ein „Leuchtfeuer", das von See betrachtet einem echten gleichen mag.

Ich höre das Rascheln und Rauschen der Kiesel am Strand. Jede auslaufende Welle wendet das gerundete Gletschergeschiebe, um es dann ein Stück mit in die See zu reißen. Außer diesem monotonen Geräusch herrscht hier Stille. Wie weit mag es bis zur nächsten menschlichen Behausung sein? Jetzt fällt es mir noch leichter, Susan zu verstehen. Sich hier wie ein Schiffbrüchiger zu fühlen, der an einsamer Stelle die rettende Küste erreichte – dazu bedarf es keiner großen Phantasie.

Mein Rad hatte ich weithin sichtbar auf einen Hügel gestellt. Jeder, der unten auf der Straße vorbeifährt, soll erkennen: Dort ist jemand. Eine Sicherheitsmaßnahme, die mir einige Tage später große Unannehmlichkeiten ersparen würde. Mitten in der Nacht scheppert Metall auf Stein. Ein Windstoß hat das Rad umgeworfen. Schon lange, für isländische Verhältnisse eigentlich zu lange, habe ich keinen Sturm mehr erlebt. Und diese Böe, der wieder Windstille folgt, ist nun wie ein Vorbote.

Doch am nächsten Morgen ist die nächtliche Warnung vergessen. Ein ungewöhnlich schöner Sonnentag wartet auf mich. Ich lege einen Bummeltag ein, hoffe beim Durchstreifen der Schuttkegel auf einen seltenen Mineralienfund, halte am Lónsfjordur Ausschau nach Robben, durchwate einen Bach, weil sein Wasser so faszinierend klar ist.

In den Mittagsstunden kommt starker Westwind auf, der hartnäckig den Paßweg Almannaskard verteidigt. Ich muß die Schuhe in den Schotter haken, um beim Schieben das Rad vorwärtszudrücken. Doch am Ende des Windkanals wartet eine Belohnung.

Als die Straße abkippt, gibt sie den Blick frei auf das Meer. Es liegt mir buchstäblich zu Füßen. Auf der im Gegenlicht silbern glänzenden Wasserfläche schwimmen in der Ferne einige Landschollen. Dort muß das Städtchen Höfn liegen. In ihm lockt eine richtige Jugendherberge und damit die Möglichkeit, endlich wieder einmal warm duschen zu können. Denn während der letzten gut 400 Tourenkilometer hatte ich nur Gletscherbäche als Badewannen.

In Islands klarer Luft Entfernungen genau einzuschätzen mißlingt meistens. Und so dauert es, obwohl Höfn nur noch eine Radstunde weit gelegen schien, eine kleine Ewigkeit, bis am Straßenrand endlich das Ortsschild auftaucht.

Trotz längerem Suchen entdecke ich keinen Hinweis auf die Jugendherberge, aber die Leute, die ich danach frage, beschreiben sie mir als altes, orangefarbenes Haus, das irgendwo am Hafen liege. Ich mache mich auf den Weg. Bald merke ich, daß es außer mir noch weitere Interessenten gibt.

„Suchst du auch . . .?“ Zu den drei Tramper-Typen, die mich nach dem *Youth hostel* fragen, kommt noch eine Dänin. Da nirgendwo im Hafen ein orangefarbenes Haus zu sehen ist, suchen wir gemeinsam. Die Herberge liegt, durch eine Felskuppe verdeckt, auf einer Landzunge. Außerdem hat man sie längst weiß angestrichen, nur das „alt“ stimmt.

Als wir eintreten, ertönt ein vielstimmiges „Hallo!“ und „He!“ Für einige ist es wohl ein Wiedersehen. Beim Abendbrot sitzen dann sieben Nationen am Tisch. Storys machen die Runde. Ein Schweizer brutzelt unentwegt Fisch. Er hatte ihn im Hafen preiswert gekauft, aber seinen Hunger mächtig überschätzt. „Fisch! Fisk! Fiskur!“ bietet er ihn in mehreren Sprachen an, dabei übertönt er den Fernseher. Für den amerikanischen Film, der da mit isländischen Untertiteln läuft, interessiert sich sowieso keiner. Trotzdem schaltet niemand das Gerät ab. Den Wunsch, zu duschen, habe dann nicht nur ich, und wir sind uns einig, daß auf dieser Insel allein schon warmes Wasser, das nicht nach Schwefel riecht, ein Genuß ist.

Das Stückchen Asphaltstraße, das aus dem Ort herausführt, ist, kaum hat es begonnen, schon wieder zu Ende. Schotter schüttelt das Rad. Alles wie gehabt. Doch dafür verwöhnt mich jetzt die Natur. Immer mehr Talgletscher werden sichtbar. Es sind die Eiszungen des Vatnajökull. Von Norden her lecken sie, gelenkt von Basaltrücken und steilen Tuffgraten, der Straße entgegen.

Während ich beim Anblick dieser gewaltigen Naturkulisse ins Schwärmen gerate, knackt es unvermutet am Rad. Das Geräusch ist nicht einmal besonders laut, aber verräterisch genug, um Schlimmes anzudeuten. Und schon senken sich die vorderen Gepäcktaschen. Es sieht aus, als gehe das Rad langsam in die Knie. Der Gepäckträger, obwohl aus 6-mm-Stahl, ist gebrochen!

Höfn liegt eine halbe Tagestour zurück, das nächste Dorf, Kirkjubaerklaustur, etwa 150 Kilometer vor mir. Und dazu ist heute auch noch Sonntag. Das Malheur hat sich Zeitpunkt und Ort geradezu heimtückisch ausgesucht.

Zunächst schiene ich den Bruch mit Hilfe einer Reserveachse und mit Bindedraht. Doch bei dem Rütteltest auf der Schotterstraße hält diese Bandage nicht lange. Das Rad schiebend, suche ich mit den Augen die Bankette ab. Auf ihr liegen gewöhnlich Bruch- und Verschleißteile von Autos. Was ich benötige, ist ein längeres Eisenstück. Ich finde Auspuffrohre, Radkappen, Chromleisten, doch für mich am brauchbarsten ist der Seitenholm eines Dachgepäckträgers. Jeder Einödbauer könnte mir nun mit Hilfe seines Schweißgerätes weiterhelfen.

Einige Kilometer entfernt steigt Dampf auf. Beim Näherkommen zeigt sich, daß es sich bei dem Wellblechgebäude um eine

Heutrocknungsanlage handelt. Gleich nebenan liegt die Wohnung der Arbeiter.

Ich platze mitten hinein in die Kaffeestunde der Familie. „*God dag! Good afternoon! Taler de Dansk – do you speak English?*" versuche ich es zweisprachig.

Das „*Yes*" des Mannes ist schon ein kleiner Lichtblick.

„Ich bin mit dem Rad unterwegs und habe ein kleines Problem, einen gebrochenen Gepäckträger . . .", bringe ich etwas schüchtern hervor.

Er hört sich mein Klagelied an, blickt lächelnd auf die lange Strebe, die ich hoffnungsvoll vorzeige, und sagt nur kurz: „*Come on!*"

Draußen winkt er mich zur Heuhalle hinüber, und wie im Traum sehe ich, wie er seinen Daumen auf einen Schaltknopf an der Wellblechwand legt, wie sich das Tor langsam öffnet und allmählich den Blick in eine Werkstatt freigibt, mit deren Ausstattung man nicht nur einen Gepäckträgerbruch beheben, sondern wohl einen ganzen Fahrradrahmen bauen könnte: Eisenbleche in verschiedenen Stärken, Formstähle in allen möglichen Profilen, Drähte, dazu Maschinen, Schweißgeräte, eine ganze Wand voller Werkzeuge. Hier mangelt es an nichts!

Das Rad wird abgesattelt, aufgebockt. Der Mann nimmt Maß, sägt, bohrt und hämmert. Zum Schluß legt er eine doppelte Schweißnaht um die ehemalige Bruchstelle. Man sieht es schon auf Distanz: Diese Stahlprothese ist nun die stabilste Stelle am Rad.

Als es dann mit neu nachgefetteten Lagern und frisch geölter Kette wieder vor der Halle steht, greife ich zum Brustbeutel. Sofort winkt der Mann ab: „*No, no! Keep it!*"

Keinen Arbeitslohn, nicht einmal als kleine Anerkennung? „Also", sage ich etwas überrascht, „dann *tak fyrir!*".

Wohl weil ich den isländischen Ausdruck für „danke" benutzt habe, schaut er mich lächelnd an und wiederholt: „*Yes, just tak fyrir!*"

Wieder auf der Straße, notiere ich in mein Tagebuch: „*Just tak fyrir!*" Nur danke, weiter nichts! Drei kurze Worte sprechen für ein Land.

Der kleine Reiseführer, den ich im Gepäck habe, muß aus der Feder eines Technokraten stammen. „Dann geht es hinauf . . .", „Es sind noch 9 km bis . . .", „Vorbei am . . ." In solch nüchtern klingende Sätze hat der Autor das Naturschauspiel Island zerlegt. Immerhin, über das Gebiet um den Vatnajökull, vor dessen Eiskulisse ich nun schon den ganzen Tag radle, sind auch ihm ein paar begeistert klingende Worte entschlüpft. Basaltgebilde, die an Kirchenorgeln erinnern, dunkler Tuff in farblichem Kontrast zu hellem Wiesengrün, dazwischen immer wieder Gletscher.

Eis in den Lagunen vor dem Vatnajökull

Das Rot der Dächer des Hofes Kálfafellstadur, selbst die weißen Holzkreuze auf seinem Friedhof, leuchten freundlich zur Straße herüber, und doch ist auch hier das Eis nicht weit. Drohend kriecht es über einen Bergrücken auf das Anwesen zu.

Der scharfe Nordwind bringt den kalten Atem des Gletschers mit. Die Temperatur fällt. Meine Hände werden klamm, von der Nase tropft mir das Wasser. Mich fröstelt. In einer Lagune dümpeln kleine Eisberge. Sie müssen zur Scholle abschmelzen, ehe sie die Geschiebeschwelle in der Jökulsá überwinden und in den Atlantik abtreiben können. Etwas weiter westlich ruht in einem zweiten Gletschersee ein Eisberg mit der Form eines gekenterten Schiffes. Seine glatte Bauchseite glänzt türkisfarben. Dahinter wölbt sich in weitem Bogen ein zerklüfteter Eishorizont, überragt von Islands höchstem Berg, dem Hvannadalshnúkur. Der Felsriese selbst trägt eine weiße Kappe. Auch wenn es hier kalt wie in einer Kühlbox ist, einen anderen Platz für mein Zelt kann es heute nicht geben. Als dann die Sonne sinkt, scheint sie am Horizont zu gefrieren.

Es wird eine aufregende Nacht! Der Gletscher stöhnt, als wälze er sich in unruhigem Schlaf. Lösen sich Spannungen in seinem Eiskörper, dann klingt es, als rissen Stahltrosse. Plötzlich ein Bersten und Brechen, gefolgt von einem lauten Rauschen, das langsam wieder abebbt. Die kleinen Eisberge in der Lagune geraten in Bewegung. Gläsern knirschend reiben sie sich aneinander. Sie müssen einem neuen Platz machen. Diese Geräuschkulisse der nächtlichen Geburt eines Gletscherkalbes ist grauenhaft schön!

Meine Zahnpasta hat sich verfestigt wie feuchtgewordener Kalk. Die Butter bröckelt beim Schneiden, und das Brot ist so kalt, daß es in den Zähnen zieht. Doch weiterfahren kommt für mich gar nicht in Frage. Dieser Gletscher, der nach dem nächtlichen Rumoren jetzt schweigt, hält mich fest. Im Laufe des Tages versuche ich eine Besteigung, scheitere dabei aber kläglich. Nahe der Abschmelzkante liegt auf dem Eis eine dicke Schicht fein zermahlenen Felses – glitschig wie Nordseeschlick. Trügerische Schneebrücken überspannen die Gletscherspalten, aus deren Tiefe man das Gurgeln der Schmelzwasser hört. Der Vatnajökull ist kein Terrain für einen Spaziergang.

Lange sitze ich dann mit schußbereiter Kamera an der Lagune und warte auf die Geburt eines neuen Eisberges. Doch vergeblich! Der Gletscher zieht es wohl vor, im Schutz der Nacht zu kalben.

Etwas ziellos wandere ich über den Sander[17]. Er ist das Brutgebiet der Großen Skua. Diese Raubmöwenart ist wegen ihrer Angriffslust gefürchtet. Und schon sind sie da! In einem harmlos wirkenden Vorbeiflug schätzen sie den Eindringling ab – dann eine plötzliche Kehrtwendung. Mit kurzen Flügelschlägen korrigieren sie die Flugbahn, nehmen förmlich Maß und zielen genau auf mein Gesicht. Ich weiche ihnen durch schnelles Bücken aus, aber sie machen einen halben Looping und schwingen wie ein Bumerang zurück, nehmen sich meinen Hinterkopf als Zielscheibe für einen Schnabelhieb.

Das ist eine unangenehme Bekanntschaft, die ich da mache, und die Warnungen vor diesem Raubvogel sind völlig berechtigt. Später finde ich im Gletschergeschiebe eine tote Möwe. Ich zupfe ihr eine Schwungfeder aus – als Souvenir von einem „Kampfflieger" am Breidamerkursandur.

Drüben an der Jökulsá nähert sich ein Bus. Wo noch könnte man mit einem Straßenfahrzeug bis ans Ufer einer Gletscherlagune heranfahren?

Nur wenige der Insassen steigen aus. Der eisige Wind schreckt die Leute. Als sich ein paar besonders Mutige etwas vom Bus entfernen, hupt sie der Fahrer wieder zurück. Dann geht es weiter. Ein Drei-Minuten-Stopp vor einer der größten Naturkulissen Islands!

Während des ganzen Tages hatte sich die Sonne nicht blicken lassen. Ein steifer Nordwest schiebt über das Eis dunkle Wolken heran. Die Temperatur sinkt noch mehr. Als sich das Zelt unter harten Böen zu blähen beginnt, weiß ich das zu deuten: In dieser Nacht wird zu den Geräuschen des Gletschers noch das Heulen des Sturmes kommen. Ich überprüfe die Spannleinen und nutze alle zusätzlichen Befestigungen. Doch selbst vierzehn Heringe haben bald Mühe, das Zelt am Boden zu halten.

In der Lagune beginnen die Eisschollen sich aneinander zu schaben. Die Nacht bricht heute ganz plötzlich herein. Sie erscheint mir dieses Mal besonders schwarz. Gerade noch rechtzeitig fällt mir ein, daß ich mein Rad wieder als Signal postieren sollte. Ich verankere es mit Hilfe von Steinen und einer Leine. Dann schlüpfe ich ins Zelt, bleibe aber aus einer Ahnung heraus angezogen – für den Notfall. Nun folgen bange Stunden bei Tee aus Gletschermilch.

Irgendwann in der Nacht huscht der Lichtkegel eines Scheinwerfers über das Eis. Er schwenkt suchend hin und her und fixiert schließlich mein Camp. Dann fährt der Wagen über den Sander heran und hält unmittelbar vor der Apsis meines Zeltes. Ich öffne ein Stück des Reißverschlusses, blinzele hinaus. Was soll dieser nächtliche Besuch? Trotz des blendenden Scheinwerferlichts erkenne ich die beiden Fähnchen am Wagen und das Kennzeichen „Z 1540". Es ist ein Fahrzeug der Isländischen Lebensrettungsgesellschaft.

Der Sturm reißt dem Fahrer die Worte von den Lippen: *„Warning! Danger!"* Er ruft mir zu, daß ich meine Gletscherposition sofort räumen soll. Schon seit den Nachmittagsstunden sende man im Radio Warnmeldungen. Über dem Inland tobe ein Orkan – Zugrichtung Südost. Hier sei ich dem Sturm schutzlos ausgeliefert. Er fahre jetzt zu einer Schutzhütte jenseits des Gletscherflusses, dort werde er die Scheinwerfer zur Straße hinaus ausrichten und mir so den Weg weisen. Sein *„Follow me!"* klingt wie ein Befehl.

Ich raffe meine Ausrüstung zusammen. Zum ordentlichen Pakken bleibt keine Zeit. Kaum sind die ersten Halteleinen gelöst, reißt der Sturm die restlichen Häringe aus dem Boden. Das Zelt bläht sich wie ein Fallschirm, ist nur mit Mühe zu bändigen. Ich wickle es um den Lenker, zurre es notdürftig fest. Dann stapfe ich, das Rad schiebend und mich halb darauf stützend, mühsam los.

Die Scheinwerfer des Autos wirken wie ferne Glühwürmchen. Zweimal stürze ich, weil in der Dunkelheit die Steinrinnen im Sander nicht zu erkennen sind. In gar nicht so heldenhafter Verfassung erreiche ich die kleine Schutzhütte. Ich bedanke mich bei „Z 1540", der sofort weiterfährt. Für ihn gibt es in dieser Nacht wohl noch mehr Rettungsfälle.

Was für eine Überraschung! An der Wellblechwand lehnen noch zwei Fahrräder. Die beiden Leidensgenossen entpuppen sich als Alois und seine Freundin. Es sind die Österreicher, von denen man mir in Akureyri berichtet hatte. Ein Kompliment an die junge Frau: per Rad durchs Hochland und nun noch ein Stück Küstenpiste! Von wegen „schwaches Geschlecht".

Alois berichtet: Die beiden hatten vor dem Sturm Zuflucht in der Schutzhütte gesucht, ahnten aber nicht, daß sie beim Öffnen der Tür einen Alarm-Funkruf auslösten. Den Alarm empfing ein vor der Küste patrouillierendes Fischereischutzboot und leitete ihn an die Landstation weiter. Was dann zur Nachtfahrt des „Z 1540" führte. Als der Lichtschein des Wagens in einer Kurve über die Landschaft schwenkte, hatte er mein Rad erfaßt, und so wurde ich in diese „Rettungsaktion" mit einbezogen. Das Velo hatte seine Funktion als Signal erfüllt.

Es wird eine sturmdurchheulte Restnacht. Der Orkan reibt sich an den Wellblechkanten der Hütte. In einigen Tagen würde er zu Hause als „Islandtief" auf den Fernsehschirmen flimmern.

Die Natur hat sich ausgetobt. Das Unwetter ist weitergezogen. Alois steht vor der Hütte und zoomt mit seinem Tele das Kanonenboot, wie es der Mann von der Rettungswacht bezeichnet hatte, näher heran. Das Schiff kreuzt noch immer vor der Küste. Nach dem Frühstück trennen wir uns, beschließen aber ein Treffen am Skaftafell.

Das Fahrrad streikt

Es passiert ohne Vorwarnung. Das Geräusch, das irgendwo tief aus dem Innern des Rades zu kommen scheint, ist mir völlig fremd. Mit einem solchen Klang zerreißt keine Speiche, bricht auch kein Gepäckträger. Fast gleichzeitig schlägt die Tretlagerachse ins Leere. Die linke Lagerschale ist aus dem Rahmen herausgebrochen.

Das ist keine Panne, das ist der totale technische K.o. Hier helfen keine Ersatzteile, kein Provisorium. Wie ich da nachdenklich auf einem Felsen am Straßenrand hocke, ergäbe ich wohl die Vorlage für die Skulptur „Grübelnder Islandfahrer". Jetzt ist nicht mehr der schwärmerische Naturfan, sondern der Realist gefragt, und nun bewährt sich auch die Präparierung meiner Tourenkarte. Auf ihr steht ein „F" für *food* (Verpflegung), ein „M" für *medical assistance* (Arzt), ein „Knochen" markiert die Lage einer Auto-Reparaturwerkstatt. Die nächste, so schätze ich, liegt ungefähr 180 Kilometer entfernt, im Ort Vík, und gut 30 Kilometer sind es bis zur Bushaltestelle am Zeltplatz Skaftafell. Vorbei ist es mit dem Naturgenuß. Der „lange Marsch" beginnt.

Als ich die Tankstelle beim Einödhof Knappavellir – oder ist es erst Krisker? – erreiche und mich dort bei einer Tasse Kaffee aufwärme, entdecke ich einen Zettel an der Innenseite der Tür. Sein Text macht mir etwas Hoffnung: „Rufen Sie uns bei einer Autopanne oder einem Plattfuß in Hof an. Wir werden versuchen, Ihnen zu helfen."

Das Mädchen hinter dem Tresen schreibt mir dazu noch einen Straßennamen auf, Dekkajavidgerdi, und schenkt mir Kaffee nach. „Den brauchst du nicht zu bezahlen." Ihre Stimme klingt mitfühlend, als nähme sie Anteil an meinem Problem.

Die Siedlung entpuppt sich wirklich nur als Hof. Daß es sich dabei auch um eine im Reiseführer nicht erwähnte Werkstatt handelt, darauf deuten schon die dort „parkenden" Autowracks. Sie sind Wegweiser genug.

Provisorische Reparatur

Der Bauer ist Elektriker, Schweißer, Mechaniker – Schafzüchter wohl eher nebenbei. Doch ein gebrochenes Tretlager an einem Fahrrad, das ist für den Mann ein größeres Problem als ein defektes Differentialgetriebe. Dabei möchte er mir so gerne helfen. Kapitulation vor einem *reidhjól* – wie hilflos-traurig er dreinschaut. Das einzige, was er für mich tun kann, ist, das Ganze mit einem Weidedraht zu stabilisieren.

„Schon gut! Trotzdem: *tak fyrir!*" Wieder werde ich zum Tippelbruder. Bis zum Skaftafell mögen es noch vier Marschstunden sein. Auf halber Straße ist man gerade dabei, mit schwerem Räumgerät die Straßentrasse neu zusammenzuschieben. Bulldozer plazieren riesige Felsblöcke als Umlenker für die Schmelzwasser des Vatnajökull. Im letzten Frühjahr hatten sie die Straße in den Atlantik gespült.

Die Sonne geht gerade unter, als ich den Zeltplatz erreiche.

„Wo bist du denn geblieben?" Das ist Alois' Stimme.

Ich deute auf die schräg im Rahmen liegende Achse: „Bist du vielleicht schon mal mit so was gefahren?"

Er schaut sich kopfschüttelnd diesen seltenen K.o. an. „Wo und wie ist denn das passiert?" fragte er ungläubig.

Ich zeige mit dem Daumen zurück. „Auf Höhe des Kvíar-Gletschers – aber wie . . .?" Was sollte ich auch sagen? 1500 Kilometer Naturstraße haben das Rad ausgepowert. Daß für Island ein bulliges Mountain-Bike eine bessere Lösung gewesen wäre, dieser Gedanke kam mir schon auf der Piste durchs Kaldidalur.

„Und was nun?"

„Erst mal will ich schlafen! Das waren mehr als 30 Kilometer per pedes!"

Das Rad vor dem Zelt wirkt wie eine Anklage. Doch ich verdränge das Problem, denn über der Gletscherwelt strahlt ein azurblauer Himmel. Dazu herrscht fast Windstille. Dieser Sonnentag ist viel zu wertvoll, als ihn mit einer Busfahrt nach Vík zu vergeuden. Schon morgen könnte es einen Wetterumschwung geben.

Alois und seine Freundin entscheiden sich für eine Wanderung zur Skeidará, einem Schmelzwasserfluß, der wild strudelnd unter dem Eis hervorbricht. Ich nehme mir den Bergrücken als Ziel. Ein Tag voller ungewöhnlicher Eindrücke erwartet mich.

Das Skaftafell war Jahrtausende durch Eis und Gletscherflüsse vom übrigen Land isoliert[18]. So konnte sich hier ein kleines Paradies erhalten. Die Tiere haben von den Menschen noch kein Feindbild entwickelt, und in den Morgenstunden wagen sich sogar Schneehühner zwischen die Zelte. Hinzu kommt die Blumenvielfalt: Storchschnabel, verschiedene Enziane, Orchideen, Thymian – Farbtupfer in Blau, Gelb und Rot. Ein Felsabsturz ist von Arktischen Weideröschen gesäumt. Das Wollgras hat hier besonders üppige Bärte, und die behaarten Blätter der Zwergweiden glänzen im Gegenlicht wie Silberlinge. Vieles, was auf dem Skaftafell wächst, ist mir unbekannt. Ich verteile Phantasienamen: „Scheinaster", „Goldstern", „Purpurschlund". Als vom Gletscher ein kalter Windstoß herüberweht, verneigen sich die Blumen, und die Blätter geraten in leise Bewegung, als fröstelten sie.

Mit dem Höhengewinn wird die Vegetation spärlicher. Bald weicht trittsicherer Fels losem Gestein, die Schuttkegel sind erreicht. Jeder weitere Schritt ist ein Vorwärtstasten. Dann stehe ich vor dem Tuffgrat des Kristinartindar. Nur eine Seilschaft könnte ihn überwinden. Kaum tausend Meter Höhe konnte ich erklettern, und schon blockt die Natur ab. Trotzdem genieße ich von hier eine Aussicht, als stünde ich auf einem Bergriesen.

Im Norden liegt die gewaltige Eisbarriere des Vatnajökull. Weiter rechts, von Osten, grüßt der Hvannadalshnúkur herüber. Zu Füßen des Berges vereinen sich zwei Eiszungen. Als Skaftafell-Gletscher winden sie sich talwärts.

Blick auf Islands höchsten Berg, den Hvannadalshnúkur; im Vordergrund der Skaftafell-Gletscher

Eine halbe Körperdrehung. Jetzt blicke ich über den riesigen Sander. Diese Kieswüste bestimmt den ganzen südlichen Horizont. Sie ist von unzähligen silbernen Fäden durchwebt. Es sind die in Richtung Atlantik mäandernden Schmelzwasserbäche.

Ein Blick nach Westen. Dort dehnt sich der trockene Teil des Skeidarársandur, eine graue endlose Fläche aus Sand, Staub und Steinen. Dann bunte Tuffgrate, bizarr geformt. Dahinter schiebt sich ein Gletscher ins Bild. Glaubt man den Geodäten, so mißt er zwischen Ursprung und Abschmelzkante 1600 qkm. Die Landschaft ist ein einziges Natur-Kolosseum. Während ich den Rundblick immer wieder genieße, komme ich mir vor wie auf einer riesigen Drehbühne.

Die einsetzende Dämmerung mahnt mich zum Abstieg. Müde, aber randvoll mit Eindrücken, erreiche ich den Campingplatz. Vor meinem Zelt stoße ich im Dunkeln gegen das Rad. Ein Problem macht so auf sich aufmerksam.

Würde man mir in der Autowerkstatt helfen können? Mit dieser bangen Frage beginnt der Tag. Ich erzähle Alois von meinem Plan, und er wünscht mir viel Glück. Neben dem Rad wächst ein Häuflein Einzelteile. Übrig bleibt der nackte Rahmen. Dann stehe ich mit diesem Gerippe, mit Schlafsack und Kamera an der Bushaltestelle. Die andere Ausrüstung bleibt zurück.

„Nach Vík, bitte!"

Der Busfahrer wirft einen Blick auf meinen geschulterten Rahmen.

„Leg das zum Gepäck", meint er dann trocken. Für ihn ist das keine besondere Zuladung. Im Bauch des Busses stapeln sich bereits die verschiedensten Autoersatzteile, Stoßstangen, Kotflügel, Auspuffanlagen, dazu Postpakete und ein Dutzend Rucksäcke – nur keine üblichen Touristenkoffer. So bunt wie die Zuladung, sind auch die Mitfahrer: Tramper im Outdoor-Look, ein paar Männer, die aussehen, als führen sie zur Frühschicht, und zwei Bäuerinnen, vielleicht auf Einkauffahrt nach Reykjavík.

Unter den schweren Stollenreifen des Fahrzeuges staubt der Sander. Das Stakkato der Stoßdämpfer hört sich an wie Trommelwirbel. Aber jeder Autofahrer kennt den Trick: Ab 80 km/h werden Islands Straßen wieder erträglich.

Heute weht vom Eisschild des Gletschers ein scharfer Nordwind herab. Alles, was flugfähig ist, bläst er vor sich her. Über den westlichen Skeidarársandur wandern graue Staubvorhänge in Richtung Atlantik. Plötzlich bremst der Busfahrer so heftig ab, daß es uns aus den Sitzen hebt. Die Gestalt, die da ihr Fahrrad schiebend die Straße blockiert, ist eingehüllt wie ein Beduine. Die um den Kopf gewickelte Regenjacke läßt nur einen schmalen Sehschlitz frei. Bei diesem Wind eine Sander-Passage zu wagen, grenzt schon an Masochismus. Wohl schon völlig apathisch, hat der Mann nicht einmal mehr das Motorengeräusch des Busses wahrgenommen. Jetzt räumt er die Piste, stützt sich müde auf sein Rad. Das könnte, schon der Kettenschutz zeigt das, der besagte Holländer sein. Beinahe wäre hier seine Tour zu Ende gewesen. Der Fahrer manövriert den Bus um das menschliche Hindernis herum und hupt noch einmal – halb Gruß, halb Warnung.

Später, während der Überquerung des Mýrdalssandur, wird unsere Fahrt fast zum Blindflug. Auf dem aschigen Sander rotieren Windhosen, und wie Kohlenstaub rieselt es durch die Dachlüftung ins Innere des Busses.

Die 150 Kilometer bis nach Vík dehnen sich. Mehrfach hält der Bus auf offener Strecke. Für einen Kontinentler sind es ungewöhnliche Stopps. Da wartete ein Paket am Straßenrand darauf, mitgenommen zu werden. Dort kommt heftig winkend ein Bauer über eine Buckelwiese gestapft; er trägt eine Propangasflasche auf der Schulter, die dann unter einem der Sitze Platz findet. Es sind mehr Güter als Personen, die dieser Bus transportiert. Einmal signalisiert ein Landrover-Fahrer: „Anhalten!" Jetzt gilt es, ein Möbelstück einzuladen. Hierfür werden die vorderen Sitzbänke umgeklappt, und einige Fahrgäste müssen beim Hineinhieven behilflich sein.

Gegenverkehr – der Bus aus Reykjavík! Die Fahrer halten Tür an Tür, kurbeln die Fenster herunter, und das Erzählen beginnt. Die Straße ist völlig blockiert, aber wen könnten sie behindern? Oder welcher der Fahrgäste würde einen Anschluß verpassen? Morgen werden sich die beiden Busse dann wieder treffen. Bei dem 500-Kilometer-Rhythmus, den sie fahren, wird es weitere Neuigkeiten zu berichten geben. Im Fahrplan ist das alles einkalkuliert. Als wir Vík erreichen, bemerkt jemand: „Tatsächlich pünktlich!"

Während der langen Rütteltour hatte ich in Gedanken eine Zeichnung gefertigt, als Arbeitsvorlage für den Automechaniker. In

Saftige Weiden vor dem Katla-Gletscher

dem kleinen Ort die Werkstatt zu finden ist kein Problem. Ein Dutzend Geländewagen und Busse, die vor einer langgestreckten Halle parken, ersetzen das Reklameschild. Im Büro hört man sich meinen Fall an und schickt mich hinüber in die Werkstatt. „Frag dort nach Ödi!"

„Wer ist Ödi?" sage ich zu den zwei Beinen, die unter einem Mercedes-Bus hervorschauen.

„Das bin ich!" Ödi kommt unter dem Fahrzeug hervorgerutscht und wischt sich die Hände am Overall ab.

Ich zeige auf den Fahrradrahmen und halte ihm die Tretlagerachse entgegen. „Das ist mein Problem!" Nun setze ich ihm meine Gedankenzeichnung in Worte um: ein Flansch mit einer Bohrung zum Durchstecken der Achse, daran zwei Stahlbügel, die, weil mit dem Alu-Rahmen nicht verschweißbar, mit Schrauben zu befestigen wären.

„*Flange, drilling, two iron brackets...*" Ich male die Teile beim Sprechen mit dem Zeigefinger in die Luft.

Der Mechaniker faßt sich nachdenklich an die Nase, dann kommt sein „Versprechen", und es klingt absolut verläßlich: „Morgen früh kannst du es abholen."

Ich verlasse die Werkstatt so leichtfüßig, als hätte ich da drinnen eine schwere Eisenkugel zurückgelassen.

Nun beginnt die Suche nach einer Schlafmöglichkeit. Ich weiß, daß hier in den Ferienmonaten im Sommer die Schulen als Notunterkünfte zur Verfügung stehen. Große Fenster, dahinter Stühle auf den Tischen – das muß die *skóli* sein. Doch die Tür ist verschlossen, und Hinweise auf eine Auskunftsperson fehlen. Aber die Frau im Nachbarhaus hilft mir weiter. Sie telefoniert eine Weile und gibt mir dann zu verstehen, daß gleich der Sohn der Lehrerin kommt, um mir die Schule aufzuschließen. In Vík kennt man sich eben, seine Bewohner sind wie eine große Familie.

Es dauert dann doch recht lange, bis der Junge kommt, und was er dann, vom langen Laufen noch ganz außer Atem, herausjapst, muß ich mir erst zusammenreimen. Er habe vergeblich den Schlüssel gesucht. Die Mutter sei nicht zu Hause, und er könne sie auch nicht anrufen, um zu fragen. Ich müsse leider bis zum Abend warten, erst dann komme sie zurück.

Eigentlich war eine Klettertour über den Klippen von Kap Dyrhólaey gar nicht eingeplant, aber nun bleibt mir auch Zeit dafür. Und als ich von der Steilküste zurückkehre, sehe ich schon von weitem die einladend offenstehende Schultür. Auf dem roten Teppichboden des Klassenzimmers liegen einige gestreifte Matratzen. Hotelbetten ohne Beine, das ist auch so etwas wie Service, und da der Preis pro Nacht nur etwa ein Fünftel dessen beträgt, was man hierzulande für eine „richtige" Unterkunft zu bezahlen hat, ist auch zu akzeptieren, daß aus den Wasserhähnen in der Schule nur kaltes Wasser rinnt.

„Morgen früh kannst du es abholen!" Was gestern für mich noch wie ein festes Versprechen klang, erscheint mir jetzt, auf dem Weg zur Werkstatt, immer zweifelhafter. Denk doch positiv! schimpfe ich mit mir selbst. Erwartungsvoll öffne ich die Tür zur Fahrzeughalle.

Kap Dyrhólaey, die Südspitze Islands

Und da steht es – rechts auf einer Werkbank! Die Tretlagerachse ruht in der Bohrung eines Flansches, dick eingefettet, um den Reibungswiderstand zu verringern. Stahlbügel umgreifen das Gehäuseteil, und große Schraubenköpfe sprechen für die Stabilität dieser Prothese. Sie dürfte das Rad überleben!

Ödi, der dieses Meisterwerk gefertigt hat, kommt hinzu. *„Good morning!"* begrüßt er mich.

„Good morning!" Ich lache dem Mechaniker ins Gesicht. *„That's perfect!"*

Ödi macht eine lässige Schulterbewegung, so als sei mein Rad nur eines von vielen, die er schon repariert hat. Dabei dürfte es vielleicht das erste Velo sein, das hier zwischen Überlandbussen und Geländewagen wieder fahrtüchtig gemacht wurde. Das *„tak fyrir"* rollt mir jetzt schon recht geübt von der Zunge, dann bezahle ich im Büro umgerechnet 35 DM für Lohn und Material. Mein Island-Vorhaben – für eine komplette Inselumrundung fehlen mir noch etwa 500 Kilometer – scheint nun gerettet.

Der Bus aus Reykjavík, mit dem ich nach Skaftafell zurückfahren muß, kommt erst in den Mittagsstunden. So bleibt noch Zeit für einen Gang zur Küste und für eine Positionsmeldung nach Hause.

Auf dem Postamt ist es dann wieder ein Detail, eine Kleinigkeit, die mir dieses Land so symphatisch macht: Neben der Briefwaage liegt ein kleines Messinggewicht mit dem Eichstempel „DR 29", für „Deutsches Reich 1929". Band- und Wappenform schließen jede Verwechslung aus.

Bei uns müssen Gewichtstücke alle zwei Jahre „von Amts wegen" geprüft und neu geeicht werden. Hier auf Island wiegt man nun mit einem Gewicht – dazu noch einem ausländischen –, das in Deutschland zur Zeit Hindenburgs punziert wurde. Seit mehr als einem halben Jahrhundert vertraut man auf seine richtige Schwere. Wer auch sollte hier mogeln, wer zweifeln?

Inzwischen haben sich an der Bushaltestelle ein paar Leute versammelt. Ihrem Äußeren nach zu urteilen, sind es fast alles Naturliebhaber auf Reisen. Und da kommt er auch schon, der schwere Mercedes. Trotz halbtägiger Fahrt ist er wieder pünktlich. Nun geht es zurück über den Mýrdalssander, das Lavafeld Eldhraun, den Skeidarársander – 150 Schlagloch-Kilometer. Am Skaftafell steht – etwas verloren wirkend – mein Zelt mit der restlichen Ausrüstung, natürlich unberührt. Wer hätte anderes erwartet? Nur Alois und seine Freundin sind inzwischen weitergefahren. Eigentlich müßten sie uns begegnet sein. Ich habe sie wohl in den Staubwirbeln übersehen.

Im goldgrünen Eldhraun

Das Rad ist wieder zusammengeschraubt, Zelt und Ausrüstung verstaut. Noch ein Blick in die Runde: Eis, Fels, Schottermeer. In der Nähe fällt eine Formation Graugänse ein. Sie sind die Statisten auf dieser riesigen Naturbühne. Ein geschweißter Gepäckträger, eine Stahlprothese am Tretlager, welche Krücken warten nun noch auf mein geplagtes Gefährt? Mit diesem Hintergedanken trete ich in die Pedale.

Heute ist es fast windstill, und der Sander ruht. Gestern, als ich ihn mit dem Bus durchquerte, mußte ich an den Niederländer denken, und ich sah mich schon mit angefeuchtetem Mundschutz diese Wüstenstrecke durchschieben. Doch Islands Wettergötter zürnen nicht nur, sie können auch Mitgefühl zeigen.

Als die Sonne im Süden steht, beginnt die Luft über dem Sander zu flimmern. In der Spiegelung beginnen größere Felsen aufzutauchen. Es scheint, als überschwemme vom Atlantik her die steigende Flut das Schottermeer. Wieder einmal täuscht mich die Natur. Der Sander endet abrupt. Wie von Riesenfaust in den Boden gerammt, riegelt ihn im Westen der Bergstock Lómagnúpur vom Umland ab. Der 700 Meter hohe, senkrecht aufstrebende Fels wirkt wie ein riesiger Brückenpfeiler. Danach wird das Landschaftsbild sanfter, doch der Kulissenwechsel bleibt. Basalte, Magmaströme früherer Vulkanausbrüche, sind in der Form von Girlanden, Arkaden, in Waben- und Säulenmustern angeordnet. Einer der Berge trägt eine vielstufige Tiara aus Fels, ein weiterer eine bizarr verwitterte Steinkappe. Kein Tal gleicht dem anderen. Hier ein Lavabuckelfeld, dort ein Moosteppich, dazwischen Schafweiden.

Während der vielstündigen Fahrt passiere ich nur ein einziges Gehöft. Kirkjubaejarklaustur! Erst als ich das kleine Dorf erreiche, wird mir bewußt, daß ich heute bereits 70 Kilometer unberührter Natur durchradelt habe. Während der Eintragung ins Tagebuch versuche ich, den Ortsnamen richtig auszusprechen: „Kirk-ju-bjar-klau-sta!" Aber er ist ein solcher Zungenbrecher, daß es nur gelingt, wenn man die fünf Silben gehetzt herauspreßt.

Wie andere Siedlungen, so hat auch Kirkju... für mich nur Bedeutung als Verpflegungsstation. Jetzt muß ich eine ganze Wochenration einkaufen, denn die nächste Möglichkeit würde sich erst wieder nach der Rückkehr von einer geplanten Tour durchs Inland bieten.

Wenige Kilometer hinter dem Ort steigt die Straße leicht an. Der Höhenunterschied des Geländes ist zwar unerheblich, er mag nur ganze zehn Meter betragen, und doch führt er in eine neue Welt: Ich stehe am Rande des Eldhraun.

Schon vom Busfenster aus hatte mich dieses Lavafeld beeindruckt. Die Magmaströme, die einst den mehr als hundert Laki-Kratern[19] entflossen, bedecken eine Fläche von fast 600 Quadratkilometern, und dieses endlos erscheinende Meer ist ausschließlich mit goldgrünem Moos überwachsen. Was für ein Anblick! Mich packt die Begeisterung. Ich deponiere das Rad am Straßenrand und beginne, über die Wellenberge zu wandern. Die Moosschicht ist so mächtig, daß ich bis über die Stiefelschäfte darin versinke. Sie dämpft die Schritte und macht sie lautlos.

Immer weiter entferne ich mich von der Straßentrasse, bis mir meine Euphorie fast zum Verhängnis wird. Die dunkle Wolkenwalze, die sich von Südosten nähert, ist der Vorbote eines Regensturmes. Wäre sie aus der üblichen Wetterrichtung herangezogen, hätte ich sie vielleicht früher bemerkt, nun aber gerate ich in Bedrängnis. Sollte mich das Unwetter mitten auf dem Eldhraun erwischen, so wäre ich ihm schutzlos ausgeliefert. Diese wildwellige Lavafläche ermöglichte nicht einmal das Aufstellen des Zeltes, ganz zu schweigen von der Schwierigkeit, es sturmfest zu verankern.

Stolpernd hetze ich zur Straße zurück und werde dann auf ihr zum Langstreckenläufer. Bulldozer haben die Trasse geradlinig durchs Lavafeld gehobelt, jetzt dehnt sie sich für mein Gefühl zum Gummiband. Noch während des Laufens überlegte ich, daß es von der Stelle, wo mein Rad liegt, wohl günstiger ist, zur östlichen

Kante des Eldhraun zurückzuradeln, als die Flucht an den weiter entfernten westlichen Rand zu ergreifen.

Ich schaffe es gerade noch! In fliegender Hast baue ich in einer kleinen Lavabucht mein Zelt auf, werfe alle Ausrüstung hinein, und schon bricht das Unwetter los. Die Sturmböen haben über dem Eldhraun freien Lauf, heulend überspringen sie die Lavabukkel. Zwar legt sich während der Nacht das Unwetter, doch der Himmel hört nicht auf, sich zu entleeren.

Der nächste Tag möchte wohl gar nicht erst beginnen. Es herrscht diffuses Dämmerlicht, und der Regen nimmt kein Ende. Inzwischen teile ich mir die Einsamkeit mit einem Weberknecht, der irgendwo Einschlupf gefunden hat, und mit einer Maus. Zwar gelingt es mir nicht, das Tier aufzustöbern, doch die Schabestellen am Käse sind der Beweis für seine Anwesenheit.

Es wird schon wieder dunkel, und noch immer rauscht die Regenflut. Jede Abspannleine des Zeltes ist eine Wasserleitung für Teewasser. Mir ist, als würde Island ins Meer gespült, und nur mein Zelt bliebe als winzige Insel zurück. „Die Teufelspfeife", „Der Seehundsbalg", Geschichten von Elfen und Riesen – das Sagenbuch habe ich nun schon zum zweiten Mal gelesen. Ich könnte es bereits nacherzählen. Der Blick vors Zelt lohnt nicht, das Rauschen von Wind und Wasser besagt genug. Allmählich gerät mein Zeitsinn ins Wanken. Im Tagebuch findet sich für heute nur ein einziges Wort: Dauerregen. Und am nächsten Morgen füge ich – schon leicht deprimiert – hinzu: noch immer!

Moore inspirieren Maler, Stille läßt in unseren Ohren Töne erklingen, da mag auch Einsamkeit einen Anstoß zu kreativem Schaffen geben. Begleitet vom Trommeln der Regentropfen beginne ich, Stichworte für eine kleine Erzählung zu sammeln. Die Grundidee hole ich mir aus der Mythologie der Germanen, den Rest besorgt die Psyche. Über das Ergebnis staune ich nachher selbst, und mir wird bewußt, daß sich Island meine Seele erobert hat. Ich schüttle den Kopf, wie um meine Gedanken wieder auf die Realität auszurichten.

In den zurückliegenden Tagen hatte ich das Zelt nur für das menschlich Notwendige und zum Waschen verlassen. Dazu brauche ich mich nur für ein paar Minuten unbekleidet in den Regen zu stellen, die Arme zu recken und mich dabei wie unter einer Dusche zu drehen.

Heute, es ist wahrscheinlich schon später Nachmittag, klart es auf. Mit Schlafanzug und Gummistiefeln bekleidet, mache ich einen ersten Spaziergang über das Lavafeld. In dem „Gestreiften" sehe ich wohl aus wie ein entflohener Häftling. Später schlurfe ich durch das Schlamm-Schlacke-Gemisch der Straße. Es muß der Übermut eines irritierten Geisteszustandes sein, der in mir den Wunsch aufkommen läßt, bei hereinbrechender Dunkelheit im Aufzug eines Knastbruders noch Autofahrer zu erschrecken. Doch leider kommt keiner.

Der nächste Morgen beginnt mit einer Überraschung. Draußen ist es so merkwürdig still, daß ich die Reißverschlüsse des Zeltes andächtig-erwartungsvoll öffne. Sonnenlicht blendet mich, am Himmel keine Spur mehr von einer Regenwolke. Aufbruchstimmung! Übermütig schreibe ich ins Tagebuch: „Wer nie sein Brot im Bette aß, der weiß auch nicht, wie Krümel pieken!" Das ist jetzt vorbei.

Die Straße ist inzwischen zum Staudamm geworden. Sie wehrt die Wassermassen ab, die, durchs Lavafeld gurgelnd, sich den Weg zum Meer suchen. Über eine Felskante im Norden stürzt eine Serie von Wasserfällen, die vor Beginn des Unwetters nicht existierten. Es müssen also, selbst für isländische Verhältnisse, ungewöhnlich hohe Niederschläge gewesen sein. Als ich den westlichen Rand des Eldhraun erreiche, bin ich froh, diese Stätte einer Zwangshaft endlich hinter mir zu haben.

Auf dem Fluchtweg durchs Hochland

Die Isländer wissen, daß die Erdscholle, auf der sie leben, dünn und brüchig ist. Und spätestens seit dem Laki-Ausbruch, an dessen Folgen damals 9000 Menschen, das waren 22 Prozent der Bevölkerung, sowie 70 Prozent der Haustiere auf der Insel starben, weiß man um die Dimension der Gefahren, die aus dem Erdinnern drohen. So wurde für den Fall, daß durch einen Vulkanausbruch der südliche Teil der Insel-Ringstraße zerstört würde, der „Fjallabaksvegur Nyrthri" angelegt. Sein Name bedeutet: nördlicher Weg hinter den Bergen. Er soll der Bevölkerung des Küstenstreifens die Rettung vor einem eventuellen Gletscherlauf, vor Giftgasschwaden und Lavaflüssen ermöglichen. Das Durchfahren dieses F22, so seine Kurzform, ist nun mein Ziel. Auf ihm möchte ich in eine Urlandschaft eindringen, deren Schöpfung wohl noch nicht abgeschlossen ist.

Mühsamer Aufstieg

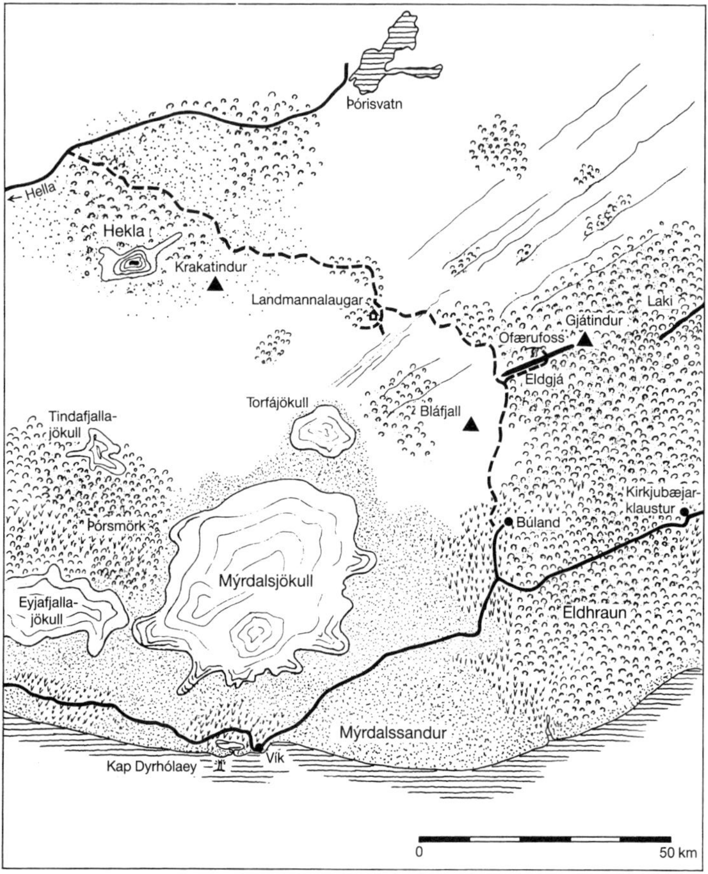

Der Fjallabaksvegur

Der erste Eindruck trügt, denn an seinem Beginn windet sich der F22 durch eine fast lieblich anmutende Landschaft. Es fehlen Lava und schroffer Fels, die sattgrünen Bergweiden sind mit hellen Schafen gesprenkelt, und da ist auch noch ein Zipfel Zivilisation, der Einödhof Búland. Das Rot seiner Dächer, das frische Grün des

Grases, selbst das Weiß des Mýrdalsgletschers, dessen Eiskappe die Berge im Westen überragt, wirken so freundlich, daß man nicht ahnt, was einen schon hinter der nächsten Wegbiegung erwartet. Denn dort taucht die Trasse einfach weg. Ich hieve das Rad aus dem Lehmwasser und schiebe es querfeldein. Auf lange Strecken bleibt dies die bessere Alternative, denn der Fjallabaksvegur akzeptiert von nun an alles, was die Natur als Wegmaterial anbietet: Lava, Vulkansand, Fels, Flußschotter.

Ein hochachsiger „Scout" kommt mir entgegen. Mit seiner Kavallerie von Pferdestärken unter der Motorhaube kennt der Wagen kaum Hindernisse. Der Fahrer hält und lacht zu mir herunter: „Wo willst du denn mit dem Fahrrad hin?"

Ich zeige nach Norden: „Eldgjá, Landmannalaugar, Hekla!"

Er schüttelt ungläubig den Kopf: „Das schaffst du nie!"

„Warum nicht?" frage ich mit leicht überheblichem Ton zurück. Schließlich liegen bereits 1500 Kilometer Naturstraße, darunter die üble Piste durchs Kaldidalur, hinter mir. Und viel schlimmer, so denke ich nun, kann es wohl nicht kommen.

„Nach dem Regen führen die Flüsse viel Wasser, und der Track ist nichts für ein Rad." Der Fahrer deutet bei diesen Worten mit dem Daumen in die Richtung, aus der er gekommen ist.

Vielleicht hätte er das nicht mit einer solchen Bestimmtheit formulieren sollen, so aber meldet sich in mir der Trotz: „Ich werde es versuchen!" Ein lässiges *„Good bye"*, und ich fahre weiter. Dabei ist Fahren kaum noch möglich. Ich wechsle ab. Ein Stückchen im Berggang, ein Stückchen schieben.

Die ersten Wasserläufe, die den F22 queren, kann ich – noch – trockenen Fußes überwinden, indem ich von Stein zu Stein springe und mich dabei auf das Rad stütze. Doch bald muß ich in die Gummistiefel. Ein alter Schlagertext kommt mir in den Sinn: „Durch sieben Flüsse mußt du gehn...!" Als mir dann im siebzehnten Bach das Wasser zum ersten Mal in die Stiefel schwappt, gebe ich das Mitzählen auf. Plötzlich springen große, weiße Kugeln wie Flöhe auf der Erde hin und her. Der Spuk, ein kräftiger Hagelschauer, dauert nur wenige Minuten, aber er verwandelt die Natur in eine Winterlandschaft. Und mein skeptisch fragender

Blick zum Himmel, ob aus diesen gelbgrauen Wolken wohl noch mehr Überraschungen herunterkämen, wird sogleich beantwortet: Es beginnt zu schneien. Ich krame das Tagebuch hervor und zähle die Wochenblocks meines Strichkalenders. Der August ist fast zu Ende. Nach einem isländischen Kurzsommer scheint jetzt auch noch der Herbst auszufallen. Mißmutig gehe ich den nächsten Berg an.

Die Piste erreicht das eigentliche Hochland. Der Zickzacklauf des Fjallabaksvegur wird jetzt immer wilder, und das Rauschen hinter einer Wegkrümmung verrät nichts Gutes. Es ist die Sydre Ofaera, die den F22 überflutet. Als ich die gurgelnden Wassermassen sehe, begreife ich: Hier heißt es erst einmal warten.

Am nächsten Tag erkunde ich das Gelände. Einer der Flußarme mag etwa 40 Meter breit sein. Vergeblich suche ich nach einer harmloseren Passage. Ich muß hinüber, denn mein Ziel, der alte Spaltenvulkan Eldgjá, die „Feuerspalte", liegt jenseits des östlichen Ufers. Nach einem Probewaten versuche ich es, doch schon im ersten Drittel des Flußes muß ich umkehren. Das Rad ist in der starken Strömung nicht zu halten, und die Gepäcktaschen drohen von oben her vollzulaufen. Das abgesattelte Rad auf den Schultern, wage ich es erneut, und der Balanceakt gelingt. Doch aus einer Flußquerung werden nun drei, denn ich muß zurück, um das Gepäck nachzuholen. Die Wassertemperatur isländischer Flüsse liegt bei 6° C. Das macht ein solches Unternehmen zu einem Wettlauf gegen die Unterkühlung. Mein Stolz auf diese Passage verfliegt schnell, als ich erkenne, daß, durch einen Felsrücken verdeckt, ein weiterer Wasserarm auf mich wartet. Schon seine recht ruhige Oberfläche besagt, daß ich hier noch tiefer eintauchen muß. Vorsichtshalber ziehe ich mir eine kurze Sporthose an. Wieder erst das leichtere Rad, dann das Gepäck – dieses System klappt. Aber als ich nach dem dritten Durchgang das Ufer erreiche, stemme ich mich völlig unterkühlt schlotternd und käsehäutig an der Böschung hoch. Dieser Temperaturschock war zuviel.

In der Hoffnung, durch extreme körperliche Anstrengung schnell von innen her nachzuheizen, schiebe ich das Rad noch mit

In einem Flußarm der Ofaera

wassergefüllten Stiefeln den nächsten Berghang hinauf. Die Platzsuche für das Zelt, den Aufbau und das Verstauen der Ausrüstung erledige ich im Laufschritt und mit übertriebener Hast. Doch lieber die totale Erschöpfung, als in den nächsten Tagen die ersten Anzeichen einer Lungenentzündung zu spüren.

Nach einem heißen Tee liege ich dann mit zusätzlichen Wollsocken und einem dicken Pullover bekleidet im Daunenschlafsack.

Mein letzter Gedanke: Hoffentlich kommt kein Sturm auf! Und ich schlafe, als gelte es, versäumte Nächte nachzuholen.

Dieser Zeltplatz war nicht eingeplant gewesen. Er hatte sich aus der Situation heraus ergeben. Doch besser könnte er nicht liegen: Nur wenige Meter weit entfernt verläuft die Eldgjá. Der breite, kilometerlange Geländeriß erinnert mit seinem Rand aus rötlichen Vulkanschlacken an eine entzündete Wunde. Über dem östlichen Ende der Feuerspalte erhebt sich der spitzkeglige Gjátindur, der wie ein Wächter über der Landschaft thront. Und von meiner Aussichtskanzel herab blicke ich genau auf den Ofaerufoss, den schönsten Wasserfall Islands: Wild schäumend nähert sich von Norden her die Ofaera. Sie scheint es eilig zu haben, sich in den Abgrund zu stürzen. Ihr Wasser wird im freien Fall zu einem weißen, wallenden Vorhang. Nach dem Aufprall springt es in Kaskaden weiter, strömt in die Breite, bis Felswände es wieder einengen. Als gebündelter Strahl ergießt sich der Fluß dann durch einen Brückenbogen aus Basalt, um schließlich „brodelnd" in einen Steinkessel zu münden, dem er so träge entfließt, als habe ihn diese Schau ermüdet.Der Ofaerufoss! Er ziert alle Bildbände über Island.

„Vorwärts, wir müssen zurück!" Dieser Spruch paßt genau zu meiner Situation. Um auf dem F22 weiterzukommen, muß ich erneut die Flußarme durchqueren. Bereits vorgewarnt, weiß ich nun allerdings, was mich erwartet. Dieses Mal „flute" ich zuerst die Gummistiefel, und durch vorheriges Warmtreten des Wassers schaffe ich mir eine Isolierung gegen die Kälte des Flusses. Endlich stehe ich wieder am Fjallabaksvegur, und der nächste Seitenarm der Ofaera, er ist kaum knietief, kann mich schon nicht mehr schrecken.

Vorher hatte der F22 die gänzlich mit Moosen ausgelegten Täler um den Berg Bláfjall durchlaufen. Dieser samtene, sich horizontweit erstreckende Teppich hatte der Landschaft ein besonderes Gepräge gegeben und die Stille noch betont. Jetzt ändert sich das Bild. Schmelzwasser rauschen über die Piste. Am Wegrand tür-

Der Wasserfall Ofaerfoss

men sich Schneewächten. Der Fjallabaksvegur kurvt und klettert wie eine Alpenpaßstraße. Ich lächle über einen Autofahrer, der mit seinem Geländewagen auf einer Bergkuppe kreuzt. Er wagt nicht die steile, wirklich schockierende Abfahrt. Es wirkt, als suche ein Tier den Durchschlupf in einem Zaun.

Immer wilder, immer urwüchsiger wird die Landschaft. Kaum ein Berg in dieser Gegend, der nicht eine schwarze Aschekappe trägt. Und dann sehe ich schon von weitem, daß all den Schmelzwassern und „meinem Weg" nur ein gemeinsamer Durchschlupf bleibt, eine schmale Passage zwischen den Bergflanken. Der Fjallabaksvegur springt noch ein Stückchen von Schotterbank zu Schotterbank, dann taucht er weg.

Das Motorengeräusch, welches sich von hinten nähert, gehört zu einem Range Rover. Der Wagen hält an.

„*Shall we give you a lift?* – Sollen wir dich mitnehmen?" Im Gesicht des Fahrers liegt ein mitleidiges Lächeln.

„Nein, vielen Dank." Meine Antwort klingt stolz, fast ein wenig überheblich. Hatte ich doch die viel tieferen Flußarme der Ofaera durchquert, da werde ich in diesem Seichtwasser nicht etwa einen Lift annehmen! Aus dem Führerhaus kommt ein zweifelndes „*Bye, bye!*" Hinter den Rädern des Rovers schwappt das Wasser zusammen.

Was ich nicht ahne: Die Flußpassage besteht aus zwei Abschnitten, die sich auf gut einen Kilometer Länge ausdehnen. Dort, wo ein kleiner Holzpfahl den „Ausstieg" markiert, wartet der Engländer wieder. Er erkundigt sich, ob mit mir noch alles okay sei. Ich bedanke mich bei ihm für seine Anteilnahme. Alles sei in Ordnung, lüge ich.

Nachdem er weitergefahren ist, hocke ich mich auf den Boden. Meine Beine scheinen gleich unterhalb der Knie aufzuhören. Und als ich das Wasser und den eingespülten Sand aus den Gummistiefeln kippe, blicke ich auf kaltes, weißlich schimmerndes Fleisch. Meine Füße gleichen Seehundflossen. Diese lange Furt hat mich an die Grenze des Erträglichen gebracht.

Ein Blick auf die Karte: Ich habe noch nicht einmal die Hälfte dieses Fluchtweges geschafft, und nur das Wissen, daß jetzt eine weitere Etappe voraus ein trockenes Lager auf mich wartet, ein Bett in der Schutzhütte von Landmannalaugar, hilft mir, die keimende Resignation zu unterdrücken.

Nicht eine Handvoll, sondern noch ein paar Dutzend Bäche kreuzen den F22. Endlos kurvt der Weg um Aschekegel, um Tuffberge und Felsbarrieren. Es dunkelt schon, als ich die Schutzhütte vor mir liegen sehe. Das Blockhaus ist kaum noch auszumachen, seine farblose Fassade verschwimmt vor dem Hintergrund, dem Lavafeld Námshraun.

Landmannalaugar bedeutet „warme Quellen der Männer aus dem Gebiet namens ‚Land'" – was für eine schwierige Übersetzung! Es gibt hier weder Strom, Verpflegung noch sonstigen Service. Doch schon allein ein festes Dach über dem Kopf hat in dieser Gegend Luxuscharakter.

Man schickt mich auf den Schlafboden. Dort huscht der matte Schein von Petroleumlampen über die Gesichter einer malerischen Gesellschaft. Die Schutzhütte ist Treffpunkt und Zufluchtsort für Natursucher. Jetzt haben der winterliche Temperatursturz, Regen und Sturm sie hereingeweht. Vom Gebälk baumeln Zeltplanen, durchnäßte Kleidung, aufgeweichte Wanderkarten. Blechnäpfe klappern. Jemand bietet heißes Teewasser an, als handele es sich dabei um eine Kostbarkeit. Wilde Storys machen die Runde, so manche gäbe wohl eine Saga ab. Und der Typ, der da bei Funzellicht über Laxness' „Islandsklukkan" hockt, wäre etwas für den Pinsel Adolph Menzels.

Als es dann Nacht wird, liegen alle aufgereiht unter der Dachschräge. In ihren Schlafsäcken wirken sie wie große Schmetterlingskokons.

Meine malträtierten Füße erzwingen eine mehrtägige Rast. Inzwischen ist die Temperatur auch wieder angestiegen – auf akzeptable 7° C. Ein Stückchen Hochlandherbst scheint sich doch noch vor den Winter zu schieben.

Ich durchstreife die Mondlandschaft der Liparitberge, wärme mir die Hände im Wasserdampf, der aus den Lavaspalten aufsteigt, und lasse mich in einem Bach treiben, der, geothermisch aufgeheizt, fast Körpertemperatur hat. Es ist ein Freibadgenuß mit Blick auf übersommernde Schneereste. Feuer und Eis sind in Landmannalaugar Nachbarn.

Nun tut es mir fast leid, daß ich weiter muß. Aus Liparit und Lava kurvt der F22 hinaus in grüne Täler –, vorbei an kristallklaren Seen, um dann völlig unvermutet wieder mitten hinein in das Chaos einer jungen Vulkanlandschaft zu führen. Islands Natur als Drehbühne.

Der Fahrer eines mir entgegenkommenden Safari-Busses stoppt. Er scherzt zu mir herunter: „Übersieh ja die Verkehrsampeln nicht!"

Wieder durchbricht der Fjallabaksvegur eine Lavabarriere. Dann krümmt er sich um Krateröffnungen. Alle Berge ringsum sind ausgeglüht und ihre Kuppen aufgerissen von der Urgewalt der Eruptionen. Ich durchfahre eine Landschaft, die einem Schöpfungstag der Erde näher scheint als der Gegenwart.

Meine Begeisterung mündet schließlich in Übermut. Als mir in den Nachmittagsstunden wieder ein Wagen begegnet, gebe ich Stoppzeichen. Der Fahrer, der hier allenfalls ein versprengtes Schaf, niemals aber einen Radler erwarten könnte, muß annehmen, daß ich Hilfe brauche. Aber ich komme ihm mit meinem „Alles in Ordnung?" zuvor. Er ist so verdutzt, daß ihm keine Erwiderung einfällt. Nach einer Denkminute fährt er weiter. Was er wohl in der Hütte von Landmannalaugar über diese Begegnung erzählt?

Am Abend suche ich mir auf der sich horizontweit erstreckenden Aschematte einen Platz für mein Nachtlager. Die Gegend hat Friedhofscharakter. Unter einem Leichentuch aus Vulkanschlacke ist alles Leben erstickt. Wind kommt auf. Um mein Zelt herum beginnen Staubteufel zu tanzen – einbeinige Trolle mit schwarzen Aschegesichtern. Wer eine Nacht im Ausbruchsgebiet der Hekla verbringt und dort Schlaf sucht, muß zunächst die Phantasie abwehren.

Wie ein dunkler Lindwurm schlängelt sich der Fjallabaksvegur weiter nach Westen. Sein Verlauf ist jetzt mit Steinpyramiden markiert. Gleich Wegelagerern hocken sie an seinem Rand. Wenn Stürme die Asche wie Flugschnee vor sich hertreiben, dann dürfte die schmale Fahrspur gänzlich verwehen.

Irgendwann schüttelt Schotter das Rad. Eine kleine Straße ist erreicht. Ich schaue zurück, werfe einen Blick in die Runde. Im Südosten liegt die „Pforte der Hölle"[20], die Hekla. Der Vulkan hüllt sich in das Blau der Ferne, und seine sanfte Silhouette läßt nicht ahnen, daß er schon mehr als ein dutzendmal Feuer spie und das verbrannte Land ringsum sein Werk ist.

Ich klopfe mir den Aschestaub aus der Kleidung und hole mein Tagebuch hervor. Ich reduziere den Stolz auf das in den zurückliegenden Tagen Geleistete auf die kurze Notiz: F22 durchfahren!

Wer immer den Gedanken gehabt haben mag, in dieser verlassenen Gegend eine Jugendherberge einzurichten – ich bin dem Initiator dankbar. Denn eines der wellblechumnagelten Gebäude des

Durch die Aschewüste im Heklagebiet

Hofes Leirubakki ist tatsächlich ein *farfuglaheimilid*, und zwar ein sehr gemütliches. Ganz unerwartet komme ich sogar in den Genuß von Milch, Butter und frischem Brot.

Die Herberge hat noch einen Gast, einen Engländer. Der Mann dokumentiert in Sprache und Gestik seine Herkunft geradezu schulbuchmäßig. Jetzt sind wir in unserer Diskussion gerade beim isländischen Trinkwasser. Es soll tatsächlich so rein sein, daß man es als Ersatz für destilliertes Wasser in Autobatterien füllen kann. Seine sonst so hochgeschraubte Stimme wird etwas wehmütig. Wasser von solcher Qualität gebe es in Earl's Court in London leider nicht. Nun sucht er wieder vergeblich nach dem passenden Prädikat für das hiesige Wasser.

Es ist bereits spät abends. Ich sitze noch in der kleinen Küche der Herberge und vervollständige meine Tagebuchnotizen, als die Tür einen Spalt weit aufgeht. Der „Sir" schaut herein – wieder mit diesem belehrend erhobenen Zeigefinger – und verkündet begeistert: „*Now I have it! I think I have it! It tastes sweet!* – Ich weiß es jetzt, es schmeckt süß!"

Also gut! Isländisches Trinkwasser schmeckt süß! Warum soll die Natur hier nur meine Sinne verwirren?

Der Orkan am Fuße der Tröllakirkja, die Wolken- und Nebeletappen in Ostisland, der Regensturm am Eldhraun, Hagel und Schnee während der Fahrt über den F22 – Islands Wettergötter hätten eigentlich noch einiges gutzumachen. Und es ist, als errieten sie meine Gedanken, denn fast bis zum Ende der Reise sollte ich nun mit Kaiserwetter verwöhnt werden.

Noch ein Blick zurück auf die Hekla und hinüber zur glänzenden Eiskappe der Katla, dann radle ich der Südküste entgegen. Es ist ein intimes Stückchen Island, durch das mich das Sträßchen

Der F 22 liegt hinter mir

führt. Vor dem einsam gelegenen Gehöft fährt gerade der Milchwagen vor, sorgt für eine kleine Abwechslung.

Skard. Das graue Kirchlein ist ein Stück bescheidene Gotik. Sein Holz könnte einen neuen Anstrich vertragen. Auf dem kleinen Friedhof leuchten ein paar Kreuze unter Birken und Ebereschen hervor. Wie anderenorts, so sind auch hier die Gräber ohne Blumenschmuck. Unweit davon steht ein uralter Traktor, geparkt auf Ewigkeit.

Wieder ein Bauernhaus. In seiner Nähe Schafkoben in allen Altersstadien. An zwischen Holzgalgen gespannten Leinen trocknet Wäsche. Die Hemden flattern im Wind, und mit ihren schlagenden Ärmeln gleichen sie Wildgänsen. Neugierig drängen sich Pferde ans Gatter. Ein Hund bellt gelangweilt. Island zum Malen!

Ich erreiche Hella. Mit seinen 400 Einwohnern ist dieser Ort auf Island fast eine Stadt. Beim Einkauf in dem dortigen Supermarkt ertappe ich mich bei reinster Völlerei. Ich wähle Lebensmittel aus, als gelte es, einen Präsentkorb zu füllen. Nach tagelanger Müslikost ist dies einfach nötig. Dann suche ich mir über dem Ufer der Ytri-Rangá einen Steintisch mit Moosdecke und speise wie ein König. Dann gönne ich mir noch ein Stündchen genüßliches Beinestrecken und In-die-Sonne-Schauen.

Weit draußen auf dem Meer ist ein herausragender Fels sichtbar, die Westmänner-Inseln[21]. Sie habe ich mir als das Endziel dieser Reise ausgesucht.

Welch eine Überraschung! Gibt es in dieser Ecke Islands doch schon ein Stück Asphaltstraße? Die Reifen surren über den blanken Belag, als führe ich mit einem Hilfsaggregat. Nur noch 30 Kilometer sind es bis Selfoss.

Erinnerungen purzeln aus dem Gedächtnis: Nieselregen, warme Kaffeetassen zum Händewärmen, der Song „Ein bißchen Frieden..." Ich kurve auf den Vorplatz der Tankstelle. Betont lässig lehne ich das Rad gegen die Wand, drücke die Tür auf. *„Round, round, round..."* Aus dem Lautsprecher tönt ein anderer Oldie, aber die Kaffeetassen sind dieselben und auch das Mädchen mit den blonden Zöpfen hinter dem Tresen.

Ich bestelle „irgend etwas“ zu essen und wundere mich, daß meine eigene Stimme mir ganz fremd klingt. Ob ich Hot dogs möchte? Mit Ketchup, Senf oder nur mit Zwiebeln? Die Fragen des Mädchens holen mich nur halb aus meiner Gedankenwelt zurück. Ich antworte mit einem nichtssagenden „Ja, bitte.“ Senf. Ketchup. Zwiebeln. Was sollen diese Banalitäten? Ich habe gerade Island umrundet!

Nun rolle ich auf meiner eigenen Spur zurück. In den Abendstunden erreiche ich das Gehöft Hjalli. Fast zwei Monate ist es her, daß mir der junge Bauer hier Milch statt dem erbetenen Wasser in die Feldflasche füllen wollte.

Ein neugieriges Fohlen

Ich möchte ihm, der mich scherzhaft einen *madman*, einen Verrückten, genannt hat, guten Tag sagen, und ob er mir die Flasche noch einmal füllen möchte?

Noch während ich das Rad die lange Auffahrt zum Hof hinaufschiebe, entdeckt mich ein Kind. Es schlägt sofort Alarm, und als ich dann durchs Gatter komme, steht die ganze Familie zur Begrüßung aufgereiht. Alle haben das gleiche breite Lächeln im Gesicht. Ein Wiederkennen, viele Fragen und Händeschütteln. Ich sei doch sicherlich hungrig? Und waschen möchte ich mich wohl auch? Außerdem gebe es viel zu erzählen? Eine Welle der Gastfreundschaft schwappt mir entgegen.

Nach vielem Reden heißt es dann: *„Vertu sael – Good bye – Good luck!"* Ich schnurre mit dem Rad die Abfahrt hinunter. Im Zurückschauen sehe ich ein Dutzend Hände winken. Es ist ein Abschied, als begebe sich ein Familienmitglied auf Weltreise.

Als ich Thorlákshöfn, den kleinen Hafen an der Ostküste Reykjanes, erreiche, ist es bereits dunkel. Statt im Lichtschein der Taschenlampe lange nach einem geeigneten Plätzchen für mein Camp zu suchen, schlage ich mich mit meinem Zelt in die braunsandigen Dünen. Dann wird das Rauschen des Meeres für den müden Radler zum Schlaflied.

Als ich aufwache, muß es dem Stand der Sonne nach zu urteilen schon sehr spät sein. Ich krieche aus dem Zelt und werfe einen neugierigen Blick über den Dünenkamm. O Schreck! Drüben im Hafen wird gerade ein großes, weißes Fährschiff beladen. Das muß die „Herjólfur" sein, mit der ich hinüber auf die Westmänner-Inseln will. Noch nie war ich beim Abbau des Zeltes so schnell, und während ich recht liederlich die Ausrüstung verstaue, schimpfe ich auf die Möwen. An allen Küsten der Erde schreien sie die Menschen aus dem Schlaf. Nur hier hocken sie stumm herum und schauen mit verdrehtem Hals auf den Fremdling, der sich nun abhasten muß. Dabei ist Gehetztwerden etwas, was mir arg gegen den Strich geht.

Ziemlich außer Puste – und mit Sand in den Schuhen – erreiche ich die Fähre; aber nur, um dort zu erfahren, daß die Liegezeit noch eine gute Stunde beträgt. Man warte noch, heißt es, auf das

Eintreffen einiger Lkws. Sie brächten Rasensoden für die Gärten auf Heimaey. Was also sollte die Eile?

Als ich mein Rad an Bord schiebe und das Ticket kaufen möchte, fragt mich der Mann mit dem Bauchautomaten, ob außer mir noch ein Beifahrer dazugehöre und ob dieser sich vielleicht in einer der Packtaschen versteckt habe? Doch ohne auf eine passende Antwort zu warten, winkt mich dieser Schalk gleich vorbei und weist mir für mein Rad eine Ecke zu. Mit einer Handbewegung bedeutet er mir: „Laß den Geldbeutel stecken!" Vielleicht, so denke ich mir, sehe ich nach diesen zwei Monaten Natururlaub wirklich etwas bedürftig aus.

Ausruhen auf Heimaey

Strudel schäumen. Der Schiffsrumpf beginnt zu vibrieren. Langsam schiebt sich die „Herjólfur" aus dem Hafen. Dann dreht sie mit dem Bug nach Osten. Was auf große Entfernung Haifischflossen oder riesigen Zahnwurzeln gleicht, das sind die steil aus der See aufragenden Felsenriffe der Westmänner-Inseln. Bald wird auch Heimaey, die einzig bewohnte unter ihnen, sichtbar.

In Schleichfahrt gleitet das Schiff an den hohen, senkrecht abfallenden Felswänden vorbei. Sie machen die Insel zu einer Bastion, und plötzlich wirkt die „Herjólfur" wie ein kleines Ruderboot vor der Bordwand eines Ozeanriesen. Der Hafen liegt ganz versteckt im Schutz der Klippen, und seit dem Lavafluß aus dem Vulkan Eldfell ist sein Zugang noch schmaler geworden.

Heimaey – Heimatinsel. Eiland und Stadt tragen den gleichen Namen. Man sagt, die Fischer des Ortes seien so reich, daß sie mit dem Umdisponieren ihrer Bankguthaben die isländische Währung stürzen könnten. Das „Gold" holten sie sich aus der See. Noch heute schleppen sie ihre Netze durch Fanggründe, die zu den reichsten der Erde gehören. Bereits auf dem Weg zum Zeltplatz finde ich den Ruf der Inselbewohner bestätigt. Schaufenster mit feinem Porzellan, teurer Mode und Stilmöbeln, Hinweise auf Flughafen, Schwimmbad und Golfplatz belegen: Hier wohnt Geld! Dieses Island ist mir bisher unbekannt.

Der erste Tag auf der Insel wird halb Pflicht-, halb Ruhetag. Wäschewaschen, Ausrüstung reinigen, Stiefel fetten, mit Nadel und Zwirn gegen Zerfall und Verschleiß angehen, dann ein paar Schwimmrunden im warmen Swimmingpool. Die Durchquerung der eisigen Flüsse des Hochlandes scheinen bereits vergessen.

Am nächsten Tag zerlege ich mir Heimaey in Planquadrate: die Stadt, der Hafen, der Vulkan, die Küste. Als erstes ein Bummel mit Fenstergucken. Für mich ist dies eine Art Erkennungsspiel, denn Fenster sagen etwas über die Menschen aus, die dahinter wohnen. Hier schwere, streng geraffte Stores, davor eine Bronzeplastik; zwei Häuser weiter lassen halblange Spitzengardinen den Blick frei auf Porzellanvasen dänischer Nobelmanufakturen.

Aber im Schatten dieses Reichtums findet man auch anderes. Hinter einem Fenster mit bröckelndem Rahmen welken Tomatenpflanzen, ein alter, blauemaillierter Wasserkessel ersetzt königliches Porzellan.

Zwischendurch werfe ich einen Blick über die Zäune. Welche Blumen mögen Heimaeys Fischerfrauen? Da blühen Islandmohn, Tausendschön, Stiefmütterchen und Tagetes. Als Zwischendekoration dienen Positionslampen, Anker und Bojen. Gartenzwerge sind hier unbekannt. Viele der Häuser haben Namen. Der vielleicht schönste: „Varmahlid – Warmer Hang".

Dann mache ich eine unglaubliche Entdeckung: eine richtige Bäckerei! Um das Geschäft zu finden, brauchte ich mit der Nase nur dem Duft frisch gebackenen Brotes zu folgen, der durch die Straße zieht. Wie viele dieser Art mag es auf Island geben? Nach mehr als 2000 Inselkilometern ist dies für mich eine neue Erfahrung. Da liegen Brotsorten mit knuspriger Rinde, süße Kuchen und Kekse, verschiedenstes Gebäck und Brezeln. Mein Einkauf zeigt deutlich: Hier hat jemand Nachholbedarf.

Mit zwei Tüten voller Schleckereien im Arm und mehreren Brezeln am Handgelenk schlendere ich weiter. In der Nähe des Schwimmbades begegnet mir ein kleiner Junge. Er spielt mit Papageientauchern. Die halbflüggen Tiere, so hatte ich gelesen, stürzen – durch die Lichter der Stadt irritiert – nachts von den Felsen. Ich bitte ihn, die Vögel zurück an die Küste zu bringen, er aber blickt nur wie hypnotisiert auf die Brezeln, und was er mir antwortet, heißt wohl: „Laß mal beißen!" Ich halte ihm das gebäckberingte Handgelenk entgegen, und er schlägt seine Zähne in eine der Brezeln, als wäre er und nicht ich derjenige, der nach zwei Monaten zum ersten Mal in den Genuß solcher Backwaren kommt.

Ich durchstreife weiter die Stadt, bis hinaus zum Friedhof. Man hat ihn wieder freigeschaufelt, nachdem er im Ascheregen des Vulkans Eldfell versunken war, für die Toten war der Ausbruch eine Art zweites Begräbnis gewesen. Die Inschrift auf dem Torbogen *„Ég lifi og thér munud lifa* – Ich lebe, und sie werden leben", bekam angesichts der Prüfung, die dieser Stadt auferlegt wurde, eine besondere Bedeutung. Noch ein Blick in die Kirche. Hier drängten sich, während die Lava-Feuerfront immer näher rückte, verängstigte Menschen. Ich schaue hinüber zum Vulkan. Von seiner Nordflanke verweht auch jetzt Dampf. Doch das sollte mich nicht davon abhalten, ihn in den nächsten Tagen zu besteigen.

Auf dem Rückweg in den tiefer gelegenen Teil der Stadt entdekke ich eine lange Reihe Fassadenmalereien. Wie mir eine Frau sagt, handelt es sich bei den Bildern um einen Schülerwettbewerb. Wie klein ist doch die Welt der Heimaey-Kinder! Ihre Träume haben sie gemalt – und den Inselalltag. Da wird Fisch zum Trocknen ausgelegt, Fisch gefangen, angelandet, verarbeitet, Fisch verschickt. Auf der Verpackung ist der Schriftzug *Iscelag* zu lesen. Ich brauche mich nur umzudrehen, dort drüben liegt die Fabrik.

Ein Hund beschnuppert meine Hosenbeine. Er läßt sich von mir zwar kraulen, aber in einer Haltung, als sei ihm dies lästig. Und ein Stück Kuchen nimmt er von dem Fremden erst recht nicht an.

Langsam gehe ich zu meinem Zelt zurück. Es steht in einem Hufeisen aus Fels, unweit der Stelle, an welcher Herjólfur, der erste Siedler der Insel, seine Hütte errichtete.

Ich habe eine Nachbarin bekommen. Es ist Marga, ein Mädchen aus Süddeutschland. Wie sie mich auf englisch nach meiner Nationalität fragt, klingt schon so verräterisch unenglisch. Und als sie meine Antwort hört, kommt es befreit heraus: „Da kann ich ja endlich mit jemandem sprechen!"

Nun, ich kenne das! Erlebnisstau – und nur ein Tagebuch, dem man sich anvertrauen kann. Marga hatte allein Wanderungen im Hochland unternommen. Jetzt kommt sie gerade aus der Thórsmörk, dem Gebiet zwischen den Eyjafjalla- und Mýrdalsgletschern. Da muß ihre Seele ja überlaufen!

Wir wiederholen zusammen meinen gestrigen Stadtbummel, und auch sie kommt beim Anblick des Bäckerladens ins Schwärmen: „So etwas gibt es hier! Der könnte ja in der Altstadt von Tübingen stehen!" Auf dem Zeltplatz schneidet sie dann die gekauften Kuchenstücke in Probierwürfel, und an der Länge des Hhmmm!, das sie beim Kauen summt, ist zu erkennen, welche Art ihr am besten schmeckt. Die zukünftige Ärztin hat sich noch einen Teil ihrer Kindlichkeit erhalten. Sie möchte vor dem Schlafengehen Geschichten vorgelesen bekommen. Nach der „Elfen Genesis" bettelt sie: „Lies weiter!" Und kaum bin ich mit den „Zauberern von den Westmänner-Inseln" fertig, meint sie: „Aber in dem Buch sind doch noch mehr Geschichten! Nur noch eine! Bitte!" Das ist Marga, ein Mädchen, das sich allein durch Islands Einöden wagt.

Schon am nächsten Tag muß sie aufs Festland zurück. Ihr Abflugtermin drängt. Ich begleite sie hinunter zum Hafen. Zum Abschied ruft sie mir von der Reling herab etwas zu, was so klingt wie: „Erhalte dir deine Begeisterungsfähigkeit!"

Noch ein Winken. Das Schiff gleitet mit langsamer Fahrt an den Klippen entlang, dreht dann nach Westen. Eine Schar Möwen folgt ihm und auch ein paar meiner Gedanken.

Möwen! Hier auf Heimaey verhalten sie sich normal, sie schreien den Tag herbei. Schon in den frühen Morgenstunden höre ich in den Klippen ihr Keckern und Locken. Mein heutiges Programm sieht so aus: erst der Hafen, später der Vulkan, dann vielleicht noch ein Stück Küste.

Heimaeys Fischerhafen hat Spielzeugformat. Am Kai liegen keine großen Pötte. Es fehlen Laufkräne, Schwerlastverkehr und Container.

Im Hafenbecken drängeln sich kleine Fangboote – die „Julia", die „Jökull", die „Sigurbjörn" ... Es sind Namen aus der isländischen Natur und wohl aus dem Taufregister der Insel. Einige Fischerfrauen warten auf die Rückkehr weiterer Boote. Meist sind es junge Mütter. Sie haben das Kleinste auf dem Arm oder schaukeln es im Kinderwagen.

Auf den Matten der gegenüberliegenden Stóraklett bleichen Möwen in der Morgensonne. Aus der Entfernung sehen sie aus wie kleine Wäschestücke. Nirgendwo tönt Lärm, nirgendwo herrscht Hektik. Es ist ein Bild der Ruhe.

Heimaeys Fischerhafen – wie aus dem Bilderbuch

Plötzlich laute Rufe! Sie kommen vom Gelände einer kleinen Werft. Ein Arbeiter macht scheuchende Handbewegungen, und schon rutscht die „Haflidi", mit einem neuen Schutzanstrich versehen, auf Gleitschienen zurück ins Hafenbecken. Als sie ins Wasser eintaucht, kommt auch Bewegung in die anderen Boote. Sie schubsen sich mit ihren hölzernen Schultern. Ein paar Haltetaue knarren. Nachdem sich die Wellen verlaufen haben, beruhigt sich die kleine Flotte wieder, ähnlich einer Tierherde, die man kurz aufgescheucht hat. Der Hafen verfällt erneut ins Träumen. Er erinnert mich an Seiten aus einem Bilderbuch von früheren Zeiten.

Ich klettere über Kisten, Taue und Fangzeug, schlüpfe dann durch den Zaun auf das Gelände der Werft. Niemand hält mich an, niemand stellt Fragen. Vor einer der Hallen heizt man gerade einen überdimensional großen Ofen an, wie ein Museumsstück vom Beginn des Industriezeitalters. Ich frage einen der Arbeiter, was sie mit diesem Ding machen?

„Wir kochen Sand." Wohl weil ich so mißtrauisch schaue, erklärt er gleich weiter: „*We shoot it against the ships!* – Wir schießen ihn gegen die Schiffe." Was für eine Umschreibung des Begriffes Sandstrahlen! Unwillkürlich muß ich wegen des kriegerischen Vergleiches lachen.

Drüben kommt die „Surtsey" vom Fang zurück. Im Hafen entsteht kurzfristig Unruhe. Doch kaum eine halbe Stunde später schläft wieder alles.

Ich klettere auf eine der westlichen Klippen und betrachte mir diese Idylle noch einmal aus der Vogelperspektive. Von hier oben geht der Blick weit über die Stadt bis hinüber zum Vulkan Eldfell, dessen Lavafeld als dunkle Zunge bis in die Hafeneinfahrt hinein leckt. Fast hätte sie der Magmastrom verschlossen. Für die Fischer von Heimaey wäre es das Ende gewesen.

Schon während des Stadtbummels hatten sich mir Bilder der Zerstörung aufgedrängt. Da liegen Häuser wie zerkrümelt und eingebacken in der Lava. Stellenweise bedecken meterhohe Ascheschichten den alten Inselboden, und der östliche Teil Heimaeys mit seinen gut hundert Gebäuden liegt für immer unter dem Auswurf des Vulkans begraben.

Ein Spaziergang über einen noch warmen Feuerberg ist kein alltägliches Erlebnis. Ich mache mich auf den Weg zum Eldfell. Hatte ich vor einer Stunde noch Fischgeruch in der Nase, so riecht es hier jetzt beißend nach Schwefel. Über dem Nordhang des Vulkans steigt Dampf auf. Es ist das Niederschlagswasser, das, im Innern des Berges erhitzt, wieder austritt. Ein seltsames Gefühl – ich bekomme warme Füße. Selbst die Stollensohlen der Stiefel vermögen nicht ausreichend gegen die Wärme zu schützen, die der Schlackengrund abstrahlt. Ich bücke mich nach zwei kleinen Lavabomben mit ihrer charakteristischen Birnenform. Sie sind als Magma bei einem Ausbruch während des Fluges erstarrt. Ein originelles Souvenir.

Dann stehe ich an der westlichen Öffnung des Kraterrandes. Über mir faucht aus einem kleinen Schlot beißender Schwefeldampf. Einen Augenblick Zögern, dann wage ich es. Bei jedem Schritt durch den Krater prüfe ich den Boden, als würde ich über eine dünne Eisdecke gehen. Irgendwo tief unten brodelt es. Der Schlot dieser Feuerhölle ist doch nur verstopft. Während ich den

Zerstörung . . .

. . . und Wiederaufbau

Vulkan so hautnah erlebe, habe ich das Gefühl, mitten in der Entstehungsgeschichte Islands zu stecken.

Das flaue Gefühl, das ich während der Kraterrunde im Magen habe, verfliegt erst, als ich den Südhang des Aschekegels hinunterrutsche. Ein paar Schritte sind es hier nur, und ich komme aus der Welt des Feuers in die des Wassers.

Blick vom Eldfell-Krater über die Stadt Heimaey

Strandgut sichten – ein Spiel für große Kinder. Ich entdecke faserig geraspelte Schiffsplanken, Taue und Teile von Fangzeug, Tange, Lavastücke, gerundet vom ruhelosen Abrollen in der See. Mit ihrer blasigen Struktur gleichen sie Badeschwämmen. Dazwischen glänzen glasige Quallen. Doch auch an dieser Küste lohnt die Schatzsuche nicht.

Ein Stück weiter östlich hat die kalte See den Lavafluß gestoppt. Feuer gegen Wasser! Der Kampf physikalischer Kontrahenten muß, in solchen Dimensionen ausgetragen, ein unglaubliches Schauspiel gewesen sein. Und wie der Kampf wütete, das zeigen die bizarren Formen der erstarrten Lava.

In einer kleinen Bucht liegen Teile eines Schiffes. „Pelagus Oostende", entziffere ich auf einem der Rumpfstücke. Die tobende See hatte den Frachter so lange gegen die Felsen geschmettert, bis selbst Stahlträger wie Strohhalme brachen. Später erfahre ich, daß bei der Strandung der „Pelagus" einige Matrosen ihr Leben verloren, weil sie sich in das Innere des Schiffes verkrochen hatten. Dagegen wurden die Männer gerettet, die an Deck geblieben waren und sich dort mit Seilen gegen die überrollende See gesichert hatten.

Der Küstenstreifen ist jetzt nicht weiter begehbar. Unmittelbar aus dem Meer ragen wildzerklüftete Lavaklippen auf. Noch trotzen sie der Brandung, aber in erdgeschichtlichen Zeiträumen gemessen, wird von ihnen nur ein schwarzbrauner, feinkörniger Schlackenstrand übrigbleiben – ähnlich dem am Kap Dyrhólaey.

Ich versuche es in der Gegenrichtung. Hier wechseln kleine Buchten mit steilen Felsabstürzen. Die Gesteinsschichten bestehen aus gepreßtem Vulkansand, und durch ihre unterschiedliche Verwitterung entstanden Riffelmuster, die an die Seiten eines Buches erinnern. Auf einer weit herausragenden Felsterrasse liegen Steinwürfel von der Größe eines Tisches. Die See hat sie auf Form gearbeitet, und von schweren Brechern willkürlich verteilt, sieht es aus, als hätten Riesen hier ein Würfelspiel unterbrochen.

Mit zurückgehender Flut tauchen aus dem Wasser weitere Felsen auf. Durch den Bewuchs mit Blasentang gleichen sie zottigen Mammutschädeln. Jetzt kommen einige Inselbewohner an diesen Küstenabschnitt, die beginnen, die Tange in Plastiktüten zu sammeln. Wie mir einer der Männer auf meine Frage erklärt, sind die Pflanzen reich an Mineralien und Spurenelementen. Doch Tee aus Blasentang – oder in Pulverform genossen –, mit diesem Gedanken kann ich mich nicht anfreunden.

Genug gesehen, genug erlebt für heute. Auf dem Rückweg zum Zeltplatz komme ich an dem kleinen Flughafen vorbei. Dort startet gerade eine Maschine der isländischen Fluggesellschaft „Flugleidir", bei uns als „Icelandair" bekannt. Der blau-weiße Riesenvogel peitscht mit dem Propellerwind Asche und Vulkansand empor. Unweit der Absperrung steht ein alter, rasengedeckter Schafstall. Hier begegnen sich zwei Welten.

Seit Margas Abreise bin ich wieder der einzige Gast auf dem Campingplatz. Von einer der Klippen, deren Ostseite als Schafweide genutzt wird, kommt ein junger Mann heruntergeklettert. Seine Jackentaschen sind ausgebeult, und er zeigt mir ungefragt den Inhalt der Plastiktüte, die er bei sich trägt. Er hat Pilze gesammelt. Schafegerlinge. „Thórdur", stellt er sich vor.

„Christian aus Deutschland."

Und diese knappe Vorstellung ist der Beginn einer Freundschaft. Ob ich nicht nachher in die „Buhámar 44" kommen wolle, lädt er mich ein. Seine Sif mache dann für uns drei ein Abendessen, und ich solle Pilze *German style* zubereiten. Nun erfahre ich auch, was seine Jackentaschen so ausbeult. Er hat Thymian gesammelt, für Tee. Und Sif, so sagt er mir, sei unten an der Küste und suche dort Skarfakál, was immer das ist.

Zwei Köche, ein Menü, und so entsteht am Abend in der Buhámar 44 ein Essen, wie man es wohl auf keiner Speisekarte findet: Gekochtes Hammelfleisch, weiße Kohlsoße, eine Pilzpfanne *German style,* Pellkartoffeln und der besagte Skarfakál, eine Pflanze mit fleischigen, nierenförmigen Blättern. Dazu gibt es Tee aus *Thymus arcticus,* gesüßt mit Honig.

Schon während des Kochens beginnt die Völkerverständigung. Sif studiert in Reykjavík Literatur, Thórdur plant noch seine Zukunft. Er ist ein paar Jahre zur See gefahren, pflegt jetzt den hiesigen Golfplatz und möchte eigentlich Gemüsebauer werden. Obwohl Sif schon wegen ihres Studienfaches eigentlich fürs Erzählen prädestiniert wäre, ist er der Wortführer. Am Ende verhaken wir uns in Problemthemen: Anti-Amerikanismus, Überfremdung der Kultur, Inflation, Arbeitslosigkeit im Gebiet der Westfjorde, wo der Zusammenbruch der Fischindustrie droht, und Umweltfragen. Als ich zum Thema Geld anmerke, daß man mir auf der Bank für den letzten Scheck schon wieder 30 Kronen mehr ausgezahlt hat, antwortet Sif nicht ohne Verbitterung: „Das ist unsere Inflation. Es lohnt nicht, Geld zu sparen. Wer welches hat, muß kaufen, kaufen, kaufen!"

Es ist spät geworden über all dem Diskutieren. Auch ist eine Inselpassage zu Fuß, mit einer Vulkanbesteigung und Klettern zwischen den Klippen, kein Spaziergang. Ich bin wirklich müde. Doch bevor mich die beiden gehen lassen, muß ich ihnen das Versprechen geben, morgen wiederzukommen.

Es ist dann Thórdur, der mich schon in den Vormittagsstunden besucht. Er fährt mit seinem Zetor-Traktor bis ganz dicht vors Zelt. Das lärmende Ding ist für ihn wohl so etwas wie ein Spielzeug. „*Made in Czechoslovakia*", verkündet er stolz. Mit einem Blick auf die wegen der fehlenden Scheiben hohlwangig wirkenden Scheinwerfer erklärt er, dies sei das Werk von „Gangstern". Er schwingt sich wieder auf den Sitz, kurvt mit Zetor wie mit einem Go-Kart über Bodenwellen und um Felsblöcke.

„Kommst du am Abend wieder?" vergewissert er sich. Meine Zusage scheint ihn zu beruhigen.

„Ich gehe jetzt Vögel beobachten", erkläre ich ihm noch. Und damit tuckert er mit Zetor davon und wirft dabei einen Arm in die Luft wie ein Reiter, der sein Pferd anspornt.

Es ist ein langer Fußmarsch bis hinunter zur Südspitze Heimaeys. Auf halbem Weg störe ich einen Falken beim Kröpfen seiner Beute, einem Papageientaucher. Der exzellente Schwimmer, dem kaum ein Fischlein entgeht, hatte seinen Meister gefunden. Dem Falken habe ich das Mahl wohl verleidet. Er kreist noch kurz über der Stelle, dann streicht er ab, zirkelt im Messerflug durch den Stangenwald der Fischtrockengerüste. Für den Kunstflieger dürfte es ein leichtes sein, neue Beute zu machen.

Stórhöfdi, die Südspitze der Insel, ragt mit ihrem Felsenbug wie ein Schlachtschiff aus der See auf. Dort suche ich mir eine Steinbank als Aussichtspunkt. Die Natur bietet solche Sitzplätze in Fülle an, nur gilt eine Bedingung: Man muß schwindelfrei sein. Ein Ausrutscher, ein Fehltritt – es wäre ein langer freier Fall bis zum Aufschlag am Fuße der Klippen.

Von meinem Logenplatz aus genieße ich die weite Aussicht. Álfsey, Brandur und Sudurey, drei große Vogelfelsen, sind der Insel als Wellenbrecher vorgelagert. Etwas weiter südlich ragt Hellisey auf; dahinter mehrere kleine Riffe. Und am Horizont kann man die flache Silhouette des Neulings Surtsey ausmachen. Diese

Insel entstand in den Jahren 1963–67 durch einen untermeerischen Vulkanausbruch.

Über mir, in den etwas zurückliegenden Erdbauten, knurren Papageientaucher. Wissen die Vögel einen Feind in der Nähe (und wie sollten sie mich von den Fängern unterscheiden, die ihnen mit Netzen auflauern, um sie später als „goldbraune *lundi*", Westmänner-Brathähnchen, auf den Markt zu bringen?), so verkriechen sie sich. Letztlich treibt sie der Hunger oder der Fütterungsdrang doch aus dem Bau. Gleich Sektpropfen schnellen sie heraus. Nur – aus ihrer Flucht wird nie ein richtiger Flug. Der Körper scheint für die kurzen Flügel viel zu schwer. So schwirren sie hinunter zum Wasser, und die letzten Meter werden zum Absturz. Auch ihre Rückkehr vom Fang endet mit einer Panikphase. Manchmal verpatzen sie sogar die Landung. Dann starten sie durch – wie Piloten, die den richtigen Aufsetzpunkt verfehlt haben.

Nicht nur in ihrem Aussehen, sondern auch mit ihren Flugkünsten sind die Papageientaucher Harlekine. Wie neidisch müßten sie auf die Möwen sein. Unmittelbar vor mir zeigen diese ihr Können: ein Gleiten ohne Flügelschlag, schwereloses In-der-Luft-Stehen über einer Felsnase. Pfeilflug im Spiel mit dem Wind. Sie spreizen die Schwanzfedern zum Fächer, nutzen die Schwimmhäute als zusätzliche Segel. Vor einer Klippenwand himmelwärts steigen – sie schaffen es, physikalische Gesetze aufzuheben.

Unter mir ziehen patrouillierend zwei Baßtölpel vorbei. Mit lässigem Flügelschlag loten sie die Wellentäler aus, gleiten dann auf Höhe, wie Segelflugzeuge am Schlepptau. Für diese großen Vögel müssen alle anderen hier vor der Küste fischenden Arten harmloses Kleingefieder sein. Schon ihr Flug wirkt überheblich. Zudem haben sie das Auge eines Adlers. Selbst bei unruhiger See erspähen sie tief im Wasser schwimmende Fische. Ist eine Beute ausgemacht, werden die Vögel zum Pfeil. Die Flügel eng angelegt, tauchen sie mit so hoher Geschwindigkeit ins Wasser ein, daß die mitgerissene Luft als Blasenspur ihren Tauchweg verrät. Und niemand weiß genau, bei welcher Marke ihr Tiefenrekord liegt.

Felsenriffe der Westmänner-Inseln

Für diesen Meisterfischer hätte man sich wahrlich einen eleganter klingenden Namen als „Baßtölpel" ausdenken können!

Mehrfach wechsle ich meinen Ausguck, und zum Schluß bringt mich das Nicht-genug-sehen-Können noch in eine dumme Situation. Wie mag der Blick von der Felsplatte dort drüben sein? Je näher ich dem Rand komme, desto kleiner werden meine Schritte. Letztlich ziehe ich es vor, mich bäuchlings auf den Stein zu legen und bis zur Abbruchkante zu robben. Dabei suche ich mit den Fußspitzen nach einem sichernden Halt, denn der Fels ist seewärts geneigt. Dann ein neugieriger Blick in die Tiefe – ich bekomme eine Gänsehaut, der Puls schlägt ein paar Takte schneller.

Weit unten, in freier Sichtlinie, schäumt die See. Die Felsplatte, auf der ich liege, hängt über; und ich habe das Gefühl, mein Körpergewicht könnte sie jeden Augenblick kippen lassen. Der Rückzug erweist sich dann weitaus schwieriger als geglaubt. Ich habe die Neigung des Felsens unterschätzt. Einige Möwen ziehen im Gleitflug vorbei und keckern: „Geschieht dir recht!" Schließlich gelingt es mir, mit raupenähnlichen Kriechbewegungen wieder sicheren Grund unter die Füße zu bekommen. Der Fels war vom vielen Regen saubergewaschen, trotzdem klopfe ich mir die Bekleidung aus. Gut, daß niemand diese Verlegenheitsgeste sieht.

Auf der Suche nach botanischen Raritäten durchstreife ich noch das Plateau und wähle dann für die Rückkehr zum Zeltplatz den Weg entlang der Südküste mit einer Diagonalen über die Lava des Eldfell.

Dieser Tag soll auch besonders schön ausklingen. Deshalb klettere ich in den Abendstunden noch auf den Dalsfjall, eine der westlichen Klippen. Nicht immer bietet die Natur das Schauspiel „Farbenprächtiger Sonnenuntergang auf den Westmänner-Inseln", doch heute komme ich in diesen Genuß. Und der Farbenwechsel, der sich am Himmel vollzieht, ist Hasch für die Seele. Die Nacht hat schon die Felsen geschwärzt, aber noch immer lodert hinter dem Horizont die Glut des Sonnenballs. Welcher Vergleich läge näher als der mit dem Feuerschein eines fernen Vulkans?

Nach vorsichtigem Abstieg im Dunkeln mache ich mich auf den Weg in die Buhámar 44. Sif und Thórdur warten schon.

„Es war ein so schöner Tag", beginne ich zu erzählen, verschweige aber mein Mißgeschick über den Klippen von Stórhöfdi.

Von Elfen und Helden

Heute erfahre ich von Thórdur etwas über Schafzucht und dadurch entstehende Rechtsprobleme. Er macht den Tisch zur Landkarte, der Pfefferstreuer wird zu einem Vulkankegel, umgestülpte Teller zu Gletschern. Männer ziehen mit ihren Schafen aus. Aber da fehlt ein ganzes Stück Land, begraben unter Lava und Asche von einem neuen Vulkanausbruch. Wohin mit den Tieren, auf wessen Weideland? Oder das Gegenteil passiert. Eis schmilzt ab (und zur Zeit befinden sich alle isländischen Gletscher auf dem Rückzug), Neuland wird freigegeben. Zwar handelt es sich nur um nackten Fels, aber eben doch um „neues Land".

„Und wem gehört das nun?" möchte ich von Thórdur wissen.

Er macht eine zweifelnd-drehende Handbewegung: „Dann gibt es Streitigkeiten. Die Rechtslage ist nicht ganz klar."

Von Landverlust und Landgewinn kommen wir auf Elfen, Trolle und Helden zu sprechen. Da ist die Geschichte vom Straßenbau bei Reykjavík – und es ist eine von vielen, die Thórdur kennt. „Die Techniker waren gewarnt. Natürlich ging alles schief!"

Ich habe noch immer nicht begriffen, um was es geht, aber jetzt erklärt er mir den Sachverhalt im Detail: Die abgesteckte Straßentrasse berührte eine Felsengruppe, in der Elfen wohnten. Doch die so fortschrittlichen Techniker hörten nicht auf die Leute, die davor warnten, diese Wesen zu stören. Kaum hatte man mit dem Bau begonnen, fiel eine Maschine nach der anderen aus. Schließlich starb sogar einer der Arbeiter. Jetzt hat man die Trasse umgelegt. Und wenn ich am Ende meiner Reise von Reykjavík zum Flughafen Keflavik fahre, werde ich an dieser Stelle vorbei kommen, betont Thórdur. Die zum Schutz des Elfenfelsens angelegte Kurve würde mir bestimmt auffallen.

Während ich innerlich über diese Story lächle, frage ich Thórdur, ob es auch heute noch Helden auf Island gibt. Für ihn sind die heutigen Helden die Eiersucher, jene Männer, die in schwindelnder Höhe an einem Seil hängend sich von Nest zu Nest an den Klippen weiterschwingen. Und da gebe es eine Geschichte, die man nachlesen könne. Sie soll sich in den Westfjorden ereignet haben.

Als dort drei Eiersucher auf einer Klippe übernachteten, rutschte einer von ihnen im Schlaf ab. Doch es gelang ihm, sich im letzten Augenblick an den Stengel einer Engelwurz zu klammern. Daran hing er nun die ganze Nacht über dem Klippenabsturz. Am nächsten Morgen entdeckten ihn seine Freunde und zogen ihn aufs Plateau zurück. „Aber er hat sich nicht dafür bedankt." Thórdur betont diesen Satz. Der Mann sei sogar ärgerlich über seine Rettung gewesen. Schließlich habe er nicht darum gebeten und auch die ganze Nacht über nicht ein einziges Mal um Hilfe geschrien.

Auch ich könnte hier, in der Buhámar 44, nächtigen und dabei „abstürzen", denn Thórdurs Reservoir an Geschichten scheint unerschöpflich. Als ich dann endlich doch aufbreche, muß ich erneut versprechen, daß ich wiederkomme. Ich tue das voller Vorfreude. Doch morgen wird mein letzter Tag auf Heimaey sein.

In der Nacht hat es einen Wetterumschwung gegeben – Weststurm! Winselnd reiben sich Böen an den Felsgraten. Die hochgehende See wirft sich wütend gegen die Steilküste. Ihre Brecher zerstieben an den Klippen zu Wasserstaub, den der Sturm bis hinüber in die Stadt weht.

Gestern noch eine Idylle, gleicht die Insel Heimaey jetzt einem Schiff in der Brandung. Als sich eine der Böen in den Felswänden verfängt, zum Fallwind wird und dann mein Zelt trifft, atmet dieses tief durch – wie ein Blasebalg. Für einen Augenblick scheint es, als wollten die Spannleinen reißen.

Mit etwas ungutem Gefühl gehe ich einkaufen – *rugbraud, odalsostur, smjör* – dunkles Brot, Käse, Butter, dazu einen Beutel *steinbitur*.

„Du mußt nicht einfach Trockenfisch verlangen, sondern *steinbitur*", hatte Sif mir aufgetragen. Dann noch ein Scheckwechsel bei der Bank – schon wieder bekomme ich etliche Kronen mehr –, schließlich das Telefongespräch mit dem Büro der Fluggesellschaft in Reykjavík.

Das Rückflugdatum hatte ich offengelassen. Wie sollte ich auch im voraus abschätzen können, wann nun genau meine Inselumrundung per Rad zu Ende sein würde? Doch irgendwie habe ich Schwierigkeiten, mich mit der Dame über den Abflugtermin zu einigen. Langsames Begreifen! Es ist meine Buchführung, die nicht stimmt. Nicht sie hat einen falschen Kalender, sondern ich liege mit meiner Strichliste um einen Tag zurück. Habe ich einen Sonntag vergessen? Blieb irgendwann ein Dienstag ein Montag? Ich weiß es nicht. Mir ist eben in der Einsamkeit des Landes ein Tag verlorengegangen.

Der Sturm läßt eine letzte geplante Klippenbesteigung nicht mehr zu. Er würde mich wohl wie einen Drachen vom Felsgrat blasen. Auch der Küste kann man sich kaum nähern; dort wird die Gischt zum Salzwasserregen. Ich beginne zu packen.

Plötzlich eine Stimme: „Christian, bist du da?" Es ist Thórdur. Ich sehe es an den Turnschuhen Größe 45, die unter dem Rand der Apsis sichtbar sind. „Sif hat Kekse gebacken."

Abends wollten wir uns bei einer Tasse Kaffee und braunem Kuchen treffen, um Abschied zu nehmen. Jetzt wird diese Einladung vorgezogen. Thórdur meint, ich könnte doch schon mal jetzt kommen – und dann später „richtig".

Da sitzen wir nun, knabbern Sifs Kekse und reden über das Wetter, das draußen tobt. Als wir auf den Föhn zu sprechen kommen, den es auch auf Island gibt, mache ich einen gedanklichen Sprung nach München und versuche, den beiden die Atmosphäre in einem bayerischen Biergarten zu schildern. Aber das ist vergebliche Müh; ich sehe es an ihren Gesichtern. Einem Bergbuben ein Wortbild von der Insel Heimaey zu malen, könnte nicht schlimmer mißglücken. Nach zwei Plauderstunden muß ich nun endlich fertig packen und auch das Rad durchchecken. „Ich komme so schnell es geht wieder zurück", verspreche ich meinen beiden Freunden.

Wieder bei meinem Zelt, öffne ich die Reißverschlüsse und erschrecke. Innen ist alles wild durcheinandergeworfen. Nun, Geld und Papiere trug ich bei mir – auch die Fotoausrüstung. Wertvol-

Sif und Thórdur, meine liebenswürdigen Gastgeber

les war also für einen Dieb nicht zu finden gewesen. Doch warum mußte das noch sein? Es würgt in mir. Das Land, dem ich so viele stille Komplimente gemacht habe, hat sich zum Schluß eine bittere Enttäuschung für mich aufgehoben.

Motorengeräusch kommt näher. Draußen hält ein Wagen. Ich höre das Schlagen der Tür. „Hallo!" tönt wenig später vor dem Zelt eine Stimme. Unter der Apsis hindurch blicke ich auf ein Paar schwarze Schuhe, sie spiegeln wie frisch geputzt. Dazu dunkle Hosenbeine mit spitzer Bügelfalte.

Ich schlüpfe aus dem Zelt. Vor mir steht ein Mann in Uniform und einen Steinwurf entfernt ein Polizeiauto. Zwischen diesem Besuch und dem ungebetenen Gast in meinem Zelt besteht wohl ein Zusammenhang. Vielleicht hatte jemand den Vorfall beobachtet! Was war passiert? Meine Enttäuschung schlägt in Freude um. Der Sturm hatte während meiner Abwesenheit nach und nach die Heringe gelockert. Das Zelt war ins Flattern geraten und sei, wie mir der Polizist jetzt berichtet, fast weggeweht worden. Er habe das bei einer Kontrollfahrt bemerkt, das Zelt wieder aufgerichtet und neu abgespannt. Ich solle aber die Leinen noch einmal überprüfen. Schließlich gibt er mir den Tip, es besser ganz umzusetzen. Drüben an den Dalfjall stünde es geschützter.

Abends berichte ich Sif und Thórdur von dieser Begebenheit, doch daß der Inselpolizist ein umgewehtes Zelt neu aufstellt, finden die beiden ganz normal.

Irgendwie will heute in der Buhámar 44 keine rechte Stimmung aufkommen. Denn es heißt Abschied nehmen, und wir drei sind doch Freunde geworden. Thórdur kramt in einem Karton voller Schallplatten. Jetzt Musik, denke ich, das drückt die Stimmung noch mehr.

„Kennst du isländische Volkslieder?" fragt Thórdur. Er legt eine Platte auf, übersetzt aber die Texte nicht. So kann ich nur mutmaßen, was da besungen wird. Dann läßt er eine Aufnahme des „Karlakóre Reykjavíkur", des Reykjavíker Männerchors, spielen. Eines der Stücke heißt „Ritt über den Sprengisandur". Die Musik schwillt an wie bei Ravels Bolero. Aus dem instrumentalen Ritt wird rasender Galopp. Thórdur bemerkt dazu: „Jetzt befindet er sich in voller Flucht." Ich stelle mir den Reiter vor, der da zu nächtlicher Stunde das Inland durchquert. Der Sprengisandur liegt nahe der „Wüste der Geächteten", da kommen zu den Trollen und den Geistern, die den Mann hetzen, noch die Seelen der Ausgestoßenen.

Sif schenkt Kaffee nach. Aber das Gespräch will nicht richtig in Gang kommen. Es hilft nichts! Zeit läßt sich nicht dehnen! Morgen früh werde ich an Bord der „Herjólfur“ gehen und wenige Tage später vom Flugzeug aus auf Heimaey herabschauen. Sif wird ihren Kopf wieder in die Bücher stecken, Thórdur den Golfplatz pflegen und Treibhäuser für den Gemüseanbau planen. In Gedanken sehe ich ihn stolz auf seinem Zetor umherreiten.

Aber wir planen ein Wiedersehen. Das junge Paar möchte im Winter an einer dänischen Hochschule ein Kunstseminar belegen. „Ganz dicht an Deutschland“, wie Sif betont. Zwar sei dies noch ein vager Plan, aber sobald er konkret würde, erführe ich davon.

„Also, dann bis zum Wiedersehen auf dem Kontinent!“ Lieber ein schneller Abschied als Wehmutszenen. Doch ganz bleibt die Trauerstimmung nicht aus. Der Wind, so hoffe ich, wird sie wieder verwehen.

Ich hätte den Rat des Polizisten befolgen und das Zelt umsetzen sollen. Aber für die letzte Nacht auf Heimaey war mir dies der Mühe nicht wert erschienen. Jetzt bezahle ich dafür Lehrgeld. Der Sturm hat etwas mehr nach Westen gedreht, und nun treffen die Böen rechtwinklig auf die Felswand hinter dem Zelt. Unter der Wucht der Fallwinde wird meine Stoffhütte flach, als laste ein Gewicht auf ihr. Immer tiefer atmet sie durch, die Spannleinen knarren.

Im Schein der Taschenlampe überprüfe ich noch einmal die Verankerung aller Heringe. Doch die sitzen fest. Auch die Nylonseile werden halten. Und dann passiert es!

Ich höre das Winseln der Böe am Dalfjall und dann über mir im Fels. Zwei Sekunden später trifft sie das Zelt, drückt es platt. Das Geräusch des reißenden Stoffes ist so laut, daß es den Sturm übertönt. Das Überdach ist buchstäblich zerplatzt. Der Riß geht über die volle Länge. Jetzt werde ich gezwungen, den Platz zu wechseln. Ich muß die Zeltstangen dritteln und so die Firsthöhe absenken, damit aus dem Restdach noch ein Wetterschutz wird, der notfalls auch einen einsetzenden Regen abhalten könnte. Doch mit dem Schlaf ist es vorbei.

Ich baue mein lädiertes Camp ab. Der Sturm hat zwar etwas nachgelassen, doch bin ich nicht sicher, ob bei dem noch herrschenden Seegang die Fähre auch auslaufen würde. Aber man scheint hier ganz anderes Wetter gewohnt zu sein. Thórdur sprach von einer „nach oben offenen Windskala", und ab Stärke 12, das entspricht einem Orkan, würde es erst interessant. Bei der Herjólfur herrscht schon rege Betriebsamkeit. In wenigen Minuten wird das Schiff ablegen, da erscheinen zwei verschlafene Gesichter, Sif und Thórdur. Nun nehmen wir noch einmal Abschied. Dann fliegen die Leinen an Deck. Für einen Moment scheint es mir, als bewege sich nicht das Schiff, sondern als gleite Heimaey mit seinem Hafen langsam zurück. Es beginnt zu regnen. Was sollte es in einem solchen Augenblick auch sonst tun? Als sich die Herjólfur an der „Großen Klippe" entlangschiebt und dann Kurs nach Westen nimmt, möchte ich nicht mehr zurückschauen. Aber ich tue es doch – immer wieder, bis die Insel langsam im Meer verschwindet.

Die Rückfahrt zum Festland wird zu einen einzigen *rolling and steaming* und endet schließlich dort, wo man mich vor ein paar Tagen an Bord gewunken hat – in Thorlákshöfn. Von hier ist es nur noch eine Tagesetappe bis nach Reykjavík, das ich in den späten Nachmittagsstunden erreiche. Mehrspuriger Autoverkehr, hektisches Ampelblinken, Menschen, die es eilig haben. Island hat plötzlich ein Allerweltsgesicht.

Hauptstadttage

Hupen ist in Reykjavík, wenn es nicht als Warnzeichen notwendig wird, verboten. Und so läßt, weil ich bei Grün noch in Gedanken versunken den Verkehr blockiere, der Fahrer hinter mir den Motor seines Wagens laut aufheulen.

Autos statt Schafe oder Seevögel, Enge statt befreiender Weite, Lärm statt Stille, Menschenknäuel statt eines einsamen Reiters auf einem Islandpferd. Ich hatte vergessen, daß ich mich nun auf eine Großstadt einlassen muß. Fast zwei Drittel der Landesbevölkerung leben in dieser Schmelzgemeinde[22]. Wen wunderte es da, daß der Rest der Insel so menschenleer blieb?

Ich habe mich in der Jugendherberge eingenistet und gehöre dort zu den letzten Gästen. Schließlich geht es auf Mitte September zu. In den Bergen schneit es bereits, und selbst tiefere Lagen melden Nachtfröste. Die meisten Naturfans haben das Land – zünftig, wie sie gekommen sind – bereits auf der schon legendären „Smyril" verlassen. Es heißt, daß dem, der dieses Schiff benutzt (es fährt auf der Linie Bergen–Faröer–Seydisfjördur), zusammen mit dem Ticket die Seekrankheit ausgehändigt wird.

Man spürt jetzt ganz deutlich, daß die Touristensaison vorüber ist. Busverbindungen werden eingestellt. An der Tür des Nationalmuseums hängt ein Schild: *Söfnin eru lokud vidgerda* – Wegen Renovierungsarbeiten geschlossen. Auch die Flugverbindung Keflavik–Frankfurt ist schon abgesetzt. So werde ich, wie man mir bereits am Telefon in Heimaey sagte, den Umweg über Luxemburg nehmen müssen.

Ein erster Stadtbummel. Ich habe nach den Wochen der Einsamkeit Schwierigkeiten, mich hier zurechtzufinden, und registriere vorwiegend Negatives: Menschenschlangen vor Imbißbuden – eine alte Kulturnation steht an nach Hot dogs und Hamburgern. Skinheads. Der Blick in ein Schaufenster: *„I hate work"* – *„Piss* *off"* – *„Iron Maiden Killers"* schreit es von den Stoffaufnähern und Buttons aus Blech.

Mir fällt ein, daß ich ja selbst so einen Button an der Brusttasche trage. Es ist ein kleines blaues Ding, etwa von der Größe einer 10-Kronen-Münze. Seine Inschrift: *„Úr nató herinn burt! –* Raus aus der Nato – Weg mit der Armee!" Damit sind die US-Truppen gemeint. Thórdur hatte mir den Button geschenkt, um deutlich zu machen, wo er politisch steht. Und wir hatten auch über das Thema Armee heiß diskutiert. Er verzieh es den Regierenden nicht, daß sie eine fremde Militärmacht im Lande duldeten, daß man ein Waffenbündnis eingegangen war, wo doch die isländische Verfassung Soldaten verbietet.

Und dieser kleine blaue Blechknopf ist nun selbst wie eine Waffe. Die Bevölkerung ganz Islands kann man mit ihm in zwei Lager spalten – in das der Patrioten und das der Amerika-Freunde.

Den ersten Beweis dafür erhalte ich in einem Antiquitätengeschäft. Ich hatte mir in der Natur allerlei zusammengesammelt: Obsidian, Achate, Lavazöpfe, ein Stück Schiffstau, das ganz mit Entenmuscheln besetzt ist. Jetzt möchte ich mir noch gerne eine alte handwerkliche Arbeit aus Island kaufen. Als ich das Geschäft betrete, blickt der Inhaber sofort auf den Anstecker und ergänzt seine knappe Grußerwiderung mit dem Hinweis: „Aber die Amerikaner haben viel für uns getan!" Das friert unser Gespräch ein, bevor es noch richtig begonnen hat. Ich verlasse das Geschäft, ohne etwas zu kaufen.

Ein paar Straßenzüge weiter ergibt sich eine ganz andere Szene. Während ich Obst auswähle, entdeckt man den Knopf an meiner Jacke. Ein fragender Blick, die Verkäuferin stößt ihre Kollegin an. Ich werde auffallend höflich bedient, und dann wünscht mir die junge Frau noch einen besonders schönen Tag. Das waren also „richtige" Isländer.

Ich schlendere weiter, Button ausprobieren. In der Fußgängerzone üben behelmte Kletterer an der Fassade der „Utvegsbanka Islands" das Abseilen eines Verletzten. Eine große Menge Schaulustiger hat sich eingefunden. Die US-Soldaten unter ihnen brauchen gar keine Uniform zu tragen, man erkennt sie schon auf Distanz, und nicht nur an ihrem Bürstenhaarschnitt. Wie reagieren nun Militärs auf *Úr nató herinn burt?*

Ich mogle mich zwischen eine Gruppe von ihnen, drehe und wende mich nach allen Seiten, bis der Provozierknopf endlich bemerkt wird. Verstecktes Ellenbogenstoßen, kurze verständigende Blicke. Unauffällig auffällig gehen die Soldaten auseinander. Es ist, als verströme ich einen unangenehmen Geruch.

Später meint eine Studentin zu mir, ich sei ganz schön mutig, den Button hier in Reykjavík zu tragen. Im übrigen Land wäre es weniger problematisch. Und warum ich das überhaupt tue, möchte sie wissen. Ich antworte ihr, daß ich mich auf diese Art mit den Isländern identifizieren möchte, die ihr Land, aber nicht fremde Dollars lieben. Sie schaut mich groß an, denn solche Worte sind wohl keine übliche Touristensprache.

Etwas ziellos zirkle ich nun durch die Straßen, registriere Nebensächliches: Eine Katze balanciert auf den Spitzen eines Lattenzauns. Wie sie so zu den Staren hinaufschielt, die in den Ebereschen lärmen, erinnert sie an den Fuchs, dem die Trauben zu hoch hingen. Stare auf Island? Ich blicke selbst noch einmal hin. Es stimmt!

Auf einem verwilderten Grundstück, das ganz mit Engelwurz überwuchert ist, stülpt ein Mann Tüten über die reifen Samenstände. Dann beugt er die Pflanzen und schüttelt sie. „Vitamin-C-Spender", „Grundstoff zur Schnapsgewinnung", diese Stichworte fallen mir zu der Pflanze ein. Aber was macht man aus den Samen? Ich frage den Mann und erhalte eine ganz plausible Antwort. Er hat sich außerhalb Reykjavíks ein Stück Land gekauft; und da auf diesem kein Engelwurz wächst, will er die Samen dort aussäen. Weil er mich während des Sprechens so fragend anschaut, sage ich ihm, daß auch ich etwas sammle – nämlich Eindrücke.

Ich schlendere weiter. Am Ufer der Faxa-Bucht lassen Kormorane mit lascher Flügelhaltung ihr Gefieder trocknen. Ein alter Schuppen mit Rasendach, ein Fensterrahmen, verziert wie eine Laubsägearbeit. Erleichtert stelle ich fest: Mir fällt wieder Positives auf.

Holz- und Wellblechidylle in Reykjavíks Altstadt

Unvermutet stehe ich dann vor einem Bauernhof. Die Heustapel sind mit Fischernetzen gegen den Wind gesichert. Schafe blöken, Enten schnattern – und das in der Landeshauptstadt! Dazu ist an diesem Hof alles grün angemalt: Dächer, Wände, Zäune, selbst das landwirtschaftliche Gerät. Ich gehe näher heran, um das Schild am Tor lesen zu können. Das Anwesen heißt *Laugaból,* ein Name, der schwierig zu übersetzen ist. „Hof mit warmer Quelle zum Baden", das träfe den Sinn des Wortes wohl am besten. Wie lange mag dieses alte Stück Island hier noch überleben? Von Norden kriecht schon von einem Hügel herab das neue heran. Vorneweg, wie bahnbrechend in der Form eines Schiffsbugs, die hohe Betonfassade einer Kirche. Ein neuer Glaube erobert das Land – der Fortschritt!

Am nächsten Morgen beginne ich meinen Reykjavík-Streifzug mit einem Gang hinauf zum Öskjulid, wo die Heißwassertanks stehen, aus denen die Stadt versorgt wird. Den Titel „Sauberste Hauptstadt der Erde" trägt Reykjavík zu recht. Hier gibt es keine qualmenden Schornsteine. Kostenlos, und scheinbar unbegrenzt, liefert die Erde heißes Wasser, ausreichend für alle Heizkörper in der Metropole.

Mein nächstes Ziel ist die hochgelegene Hallgrimskirche. Aus der Vogelperspektive gleicht das bunte Häusermeer Reykjavíks hingewürfelten Legosteinen, die eher zufällig einige geometrische Linien ergeben. Vor der Kirche steht in echter Wikingerpose Leifur Eiriksson, der Entdecker Amerikas. Es war eben nicht Kolumbus; die Schulbücher lügen noch immer!

Stundenlanges Asphalttreten, Leute beobachten, Denkmäler betrachten ist so anstrengend wie der Gang über ein Lavafeld. So genehmige ich mir zum Abschluß des Tages einen ungewöhnlichen Kinobesuch. Man zeigt einen Film über Vulkanausbrüche auf Island. Sein passender Titel: „Volcano Show".

Der Raum hat gerade Schulklassengröße. Ein paar Reihen harter Stühle warten auf Besucher. In den Fensternischen und auf den Heizkörpern liegen Mineralien und Lavaproben. Der Mann, der den Filmprojektor bedient, hält zunächst einen kleinen Vortrag zum Thema Vulkanismus. Als einer der Zuhörer anmerkt, daß man auf Bildern immer wieder Menschen in der Nähe von noch glühender Lava stehen sähe, und wissen möchte, wie weit man sich an einen solchen Feuerstrom gefahrlos heranwagen könne, erhält er zur Antwort: „Das hängt von Ihrem Schmelzpunkt ab!" In dem Kino kommt Stimmung auf.

Nun verstellt der Mann mit auf Maß geschnittenen und ganz mit alten Zeitungsausschnitten und Fotos beklebten Preßspanplatten die Fenster. Die Show beginnt!

Man wird Zeuge, wie die Insel Surtsey entsteht, wie die „Pforte der Hölle", die Hekla, ihren Feuerschlund öffnet, wie die Häuser Heimaeys im Ascheregen versinken. Irgendwo im Nordosten Islands reißt die Erde auf. Aus dem kilometerlangen Spalt leckt eine Lavazunge übers Land. Eine neue Kluft tut sich auf, und in diese kriecht das Magma, als sauge die Erde das eben erst Ausgespiene wieder ein.

Nach einer Tour um die „Insel aus Feuer und Eis", mit Spaziergängen zwischen kochenden Schwefeltöpfen, Schwimmen in geo-

Vor der Betonfassade der Kallgrims-Kirche das Leifur-Eiriksson-Denkmal

thermisch geheizten Flüssen und Lavabombensammeln auf einem noch heißen Vulkan, ist dieser Film ein passender Abschluß.

Am nächsten Morgen hat mich das offene Land noch einmal wieder. Etwa 50 Kilometer sind es bis zum Flughafen Keflavik. Aber die Straße hat mehr als eine Kurve. In welcher Felsgruppe wohnen nun die Elfen, die Baumaschinen zerstörten und sogar einen Arbeiter töteten? Thórdur würde es sicher genau wissen.

Das Dröhnen der Düsentriebwerke wird lauter – der Flughafen. Als ich mich am Schalter der „Icelandair" nach den Transportkosten für das Rad erkundige, will man wissen, was ich denn hier mit einem Rad getan habe, wo ich damit gefahren sei.

Ich male mit dem Zeigefinger einen kleinen Kreis in die Luft. „Einmal rundherum."

„Dann kostet Ihr Fahrrad nichts", ist die erstaunliche Antwort.

Mein Dankeschön ist angebracht, denn beim Herflug mußte ich etwa 170 DM für den Radtransport bezahlen. Dann noch ein Verwaltungsakt. Neben den *Koma*-Stempel im Paß kommt jetzt der *Brottför*-Stempel. Angekommen – abgereist, zwei Worte, getrennt durch eine Welt voller Eindrücke und Erlebnisse.

Wenig später befinde ich mich an Bord einer großen Boeing. Sie zieht steil nach oben, wie ein Baßtölpel, der vom Flug über den Wellen auf höheren Spähflug wechselt. Noch ein letzter Blick auf die Insel.

Wolkenschleier verwischen ihre Konturen. Aber ein großer, weißer Fleck schimmert hindurch – der Vatnajökull. Auf dem Gletscher muß bereits eine dicke Schicht Neuschnee liegen. Is-Land! Eis-Land! Es verabschiedet sich mit einem letzten kalten Gruß. Dann ist von ihm nichts mehr zu sehen.

Epilog

Es ist November geworden. Sif und Thórdur sind im deutsch-dänischen Grenzgebiet angekommen, wo sie ihr Kunstseminar absolvieren wollen. Wir möchten ein paar Tage zusammen verbringen, und ich hole sie mit dem Auto von ihrer Schule ab. Nach dem ersten herzlichen Wiedersehen packt Thórdur zur Begrüßung einen Stockfisch aus. Da sitzen wir nun, schlagen die Zähne in die hölzerne Fastenspeise und spülen die trockenen Splitter mit Kaffee hinunter.

Während Sif schon mehrfach im Ausland war, ist es für Thórdur die erste Reise. Er hat Island noch nie verlassen oder höchstens zum Fischfang an der Küste. So kennt er viele Dinge, die es in seinem Land nicht gibt, nur aus Filmen, dem Fernsehen oder aus Büchern. Er kann noch staunen über hohe Bäume, einen Zug, über eine Rolltreppe.

Als wir bei Flensburg auf die A7 einbiegen, reckt er aufgeregt den Hals. „Sind wir jetzt auf der Autobahn?" Wenig später überholt uns ein Mercedes. „Ein Benz!" Jetzt zieht es Thórdur förmlich aus dem Sitz.

Die Hochbrücke über den Nord-Ostsee-Kanal. Tief unten ziehen die großen Schiffe vorbei, und sie fahren „mitten durchs Land".

„Stop! Christian, halt an!" Es gelingt mir nur schwer, ihm verständlich zu machen, daß man auf einer Autobahn nicht einfach anhalten darf – schon gar nicht auf dieser Brücke.

Hamburg, die Fahrt durch den Elbtunnel. Meine Ankündigung, daß wir gleich einen Fluß unterfahren werden, läßt selbst Sif aufhorchen. Vor uns tauchen die Betonröhren auf. Als Thórdur sich bei der Hineinfahrt duckt, muß ich unwillkürlich lachen. Ich zeige zur Decke. „Jetzt haben wir die Elbe, einen Teil des Hafens und die Schiffe über uns", erkläre ich.

„Stop! Christian!" Du meine Güte! Sogar im Elbtunnel soll ich anhalten!

So geht es weiter über 300 Erlebnis-Autobahnkilometer. Irgendwann während der Fahrt lobe ich mein Vehikel, das trotz seines Alters und der Zuladung noch so flott läuft. Und was meint Thórdur dazu? Er nimmt eine heimatliche Szene zum Vergleich: *„It runs like a horse who smells the shelter"* – Es läuft wie ein Pferd, das den Stall riecht. Da wird die Autobahn Hamburg–Bremen zum Weideland am Skagafjördur und mein Zuhause zum Gehöft Frostastadir.

Während unseres Zusammenseins machen wir einen Museumsbesuch, einen Altstadtbummel, wir essen auf „norddeutsch", spielen Schach, hören Platten, und Sif schmökert ganz besessen in meinen Büchern.

Für Thórdur habe ich einen besonderen Spaß ausgedacht, eine Fahrt mit der Eisenbahn auf einer Nebenstrecke. Der große Junge aus Island hat hier sein Totalerlebnis. Er klebt mit der Nase am Zugfenster und scheint alles, was da draußen vorbeizieht, in sich einzusaugen: die Baumgruppen alter Eichen, Rehe auf einem Feld, ganz unisländisch aussehende Bauernhäuser, dörfliches Bahnhofsleben... Ohne den Blick abzuwenden, sagt er voller Staunen: „Die Landschaft gleicht einer langen Postkarte."

Doch wie auf Heimaey kommt auch hier wieder die Stunde des Abschieds. Und nun überrascht mich Thórdur mit einer phantastischen Idee: „Christian, wenn du wieder nach Island kommst, dann entdecken wir das Land zusammen auf dem Pferderücken." Im Pferdesattel durch Island! Ich glaube, mein nächster Besuch wird nicht allzu lange auf sich warten lassen.

Infos

Steckbrief einer Insel

Island in Zahlen: geographische Lage: 18° W, 65° N; bis zur norwegischen Küste sind es 1000 km, von der Westspitze Islands bis nach Grönland 300 km; Fläche: 103 000 qkm; Einwohner: 244 000; Nord-Süd-Ausdehnung: 310 km; Ost-West-Richtung: 440 km; Küstenlänge 6000 km.

Island nimmt unter den europäischen Ländern in vieler Hinsicht eine Sonderstellung ein. Mit nur etwa 2 Einwohnern pro qkm – zum Vergleich: In der Bundesrepublik leben fast 250 Menschen pro qkm – ist es mit Abstand das am dünnsten besiedelte Land Europas. Wegen der besonderen geologischen und klimatischen Bedingungen sind nur rund 1000 qkm der Inselfläche kultiviert, meist handelt es sich dabei um Wiesen. Dagegen ist ein Zehnfaches dieser Fläche von Eis bedeckt. Etwa ein Viertel des Landes ist Naturweide, und mehr als 50 000 qkm sind wüstenartiges Ödland.

Oft wird Island als „Insel aus Feuer und Eis" bezeichnet. Dieser Titel ist berechtigt. Es gibt auf Island weit über 100 nacheiszeitliche Vulkane, ein Dutzend Solfatarenfelder und etwa 1500 heiße Quellen. Bei mehr als 300 registrierten (allerdings leichten) Erdbeben pro Jahr zittert – statistisch gesehen – die Erde fast täglich. Über größere Zeiträume gesehen, ereignet sich auf Island etwa alle fünf Jahre ein Vulkanausbruch. Die letzten waren: Hekla 1970, Eldfell 1973, Krafla 1975, Hekla 1980–81, Vatnajökull 1996–97, Ende Februar 2000 wieder die Hekla.

Diese in ihrer Häufigkeit ungewöhnliche vulkanische Aktivität hat eine ebenso bemerkenswerte Ursache. Die Insel ist Bestandteil des Mittelatlantischen Rückens, eines untermeerischen Gebirges. Es entstand als Folge der Kontinentalverschiebung, dem Auseinanderdriften der Landschollen Amerika und Europa. Dieser seit Jahrmillionen andauernde Vorgang führt am Grunde des Atlantiks zum Reißen der Erdkruste. Das entlang dieser Wunde austretende Magma baute allmählich jenes Gebirge auf, das nun mit der Insel Island den Meeresspiegel überragt.

Das Auseinanderdriften der Kontinente – in der Größenordnung von etwa 1 cm pro Jahr –, das Reißen der Erdkruste und das Verschließen dieser Spalten durch Lavaergüsse sind kontinuierliche Vorgänge. Damit dürfte Island geologisch erst dann zur Ruhe kommen, wenn unsere Erde bis in tiefe Schichten erkaltet ist, so daß man dann von ihr als von einem alternden Planeten sprechen könnte. Doch hier Zeitmarken zu setzen, das vermögen selbst nicht die Wissenschaftler.

Diesem „Feuer" steht auf der Insel der physikalische Kontrahent, das Eis, entgegen. Etwa 12 000 qkm des Landes sind vergletschert. Einige der Eiskappen haben Ausdehnungen, die unsere Alpengletscher klein erscheinen lassen. So mißt der Mýrdalsjökull 700 qkm, der Hofsjökull 990 qkm, der Langjökull 1025 qkm und der Vatnajökull mehr als 8000 qkm.

Eine geologische Spezialität auf Island sind die Gletscherläufe (isl. *jökulhlaup*). Sie entstehen durch vulkanische Tätigkeit unter dem Eis.

Die bei einem solchen Ereignis aus den Gletschertoren hervorbrechenden Schmelzwasserströme sind von einer alles zerstörenden Urgewalt. Wiederholt räumten sie Gehöfte samt dem sie umgebenden fruchtbaren Land hinweg. Skeidarársandur und Mýrdalssandur sind Spuren solcher Vernichtung.

So warten auf jeden Islandfahrer ganz ungewöhnliche Landschaftsbilder und ein Naturerlebnis, das seinesgleichen sucht.

Island im Zeitraffer

Vor etwa 16 Millionen Jahren tritt Island, von unterseeischen Vulkanen aufgebaut, an die Meeresoberfläche.

Vor etwa 2 Millionen Jahren beginnt auf der Insel das Eiszeitalter. Unter dem Gletscherschild, der fast ganz Island bedeckt, hält die vulkanische Tätigkeit an.

Vor etwa 10000 Jahren endet die letzte der zwanzig geschätzten Eiszeiten; es kommt zur langsamen Erwärmung.

874 Der Wikinger Ingólfur Arnarson siedelt in der „Rauchbucht" (Reykjavík = die Bucht, in der Rauch aufstieg). Ihm folgen zahlreiche Aussiedler aus Skandinavien, Schottland und Irland.

930 In der Ebene Thingvellir wird das Althing, das erste europäische Parlament, gegründet. Es ist die Geburtsstunde der Republik Island.

982 Erik der Rote entdeckt von Island aus Grönland.

1000 Leifur Eiriksson erreicht mit seinen Booten Nordamerika. Im gleichen Jahr nehmen die Isländer das Christentum an.

1262 Die Stammesfürsten schwören dem norwegischen König die Treue. Für die Isländer ist dies der Verlust ihrer Freiheit.

1380 Norwegen gerät unter dänische Herrschaft, damit wechselt auch Island seinen „Besitzer".

1402–1404 Zwei Drittel der Bevölkerung werden Opfer der Pest.

1550 Den Isländern wird die Reformation aufgezwungen.

1600 Zunehmende Verelendung durch die von der dänischen Krone diktierten Handelsbeschränkungen. Man verbietet den Isländern sogar, mit größeren Booten auf Fischfang zu gehen.

1707–1709 Ein großer Teil der Bevölkerung stirbt an den Schwarzen Blattern. Naturkatastrophen, lange Winter, verbunden mit Viehsterben, führen zu Hungersnöten. Während es um das Jahr 960 bereits 60000 Siedler auf Island gab, leben jetzt nur noch etwa 30000 hier.

1783 An den Folgen des Laki-Ausbruches sterben etwa 9000 Menschen, es verenden ca. 11000 Rinder, 28000 Pferde und fast 200000 Schafe.

1800 Das in seiner Funktion längst entwertete Althing wird aufgelöst.

1811–1878 Jón Sigurdsson wird zum Vorkämpfer einer nationalen Bewegung. Island profitiert von dem im übrigen Europa herrschenden Geist der Aufklärung. Die Lebensbedingungen der Bevölkerung bessern sich.

1854 Das dänische Handelsmonopol fällt.

1874 Der dänische König gewährt Island eine eigene Verfassung.

1918 Island wird selbständiges Königreich.
1940 Englische Truppen besetzen das Land.
1941 Die Amerikaner lösen – mit Einverständnis der Regierung – die Engländer ab.
1944 Mehr als 1000 Jahre nach der ersten Staatsgründung wird in Thingvellir wieder die Republik Island ausgerufen.

Ein „sagenhaftes" Land

Auf dem Mývatn wurde ein Troll, das ist ein Nachtkobold, vom ersten Sonnenstrahl erfaßt und erstarrte zum Lavafels ...

Ein Riese ließ an der Küste Snaefellsnes seine Beine ins Wasser baumeln und erzeugte durch Zusammenschlagen der Füße Flutwellen ...

Alte Hähne legen Eier. Brütet man ein solches Ei aus, so schlüpft aus ihm ein Untier, dessen Blick tötet ...

Sagas dieser Art gibt es buchfüllend, aber die Bücher sind es nicht, die den historischen Wert isländischer Literatur ausmachen. An ihrem Anfang stand die mündliche Überlieferung. Erst als mit der Christianisierung die lateinische Sprache ins Land kam, begann man – im Sinne des Wortes – Buch zu führen. Gesetzestexte, die bisher in den Köpfen einiger Kluger archiviert waren, dazu Geschichtliches wurden jetzt niedergeschrieben. Das „Islendingabók" (Isländerbuch) und das „Landnámabók (Landnahmebuch) sind solch frühe Chroniken. Sie berichten über Namen, Herkunft, Geschlechterfolge und Niederlassungsorte von Siedlern. Es handelte sich auch bei diesen Werken um Sammlungen von „Sagas", denn das Wort bedeutet nicht – wie oft fälschlich angenommen wird – Sage oder Märchen, sondern Geschichte, Historie, wie auch Erzählung.

Der Vollständigkeit halber: Man unterscheidet zwischen „Königs-Sagas" (sie berichten von den norwegischen Königen der Wikingerzeit), den „Familien-Sagas" (sie befassen sich mit den isländischen Geschlechtern) sowie den „Helden-Sagas".

Bei der vielzitierten „Edda" handelt es sich um eine „Götter- und Heldendichtung" sowie um Sammlungen von Bräuchen und

Spruchweisheiten. Im Gegensatz zu den Sagas wurde die Edda in Versform geschrieben.

Von diesen Zeugen altgermanischer Literatur bis zu dem Troll, der, von einem Sonnenstrahl getroffen, zum Fels erstarrte, war es ein langer Weg. Und er führte aus künstlerischer Sicht bergab. Denn mit den Jahrhunderten wurden aus den historisch so kostbaren Sagas wirkliche Sagen oder, moderner ausgedrückt: isländische Märchen.

Abergläubische Islandfahrer werden wohl vergeblich auf die Begegnung mit einer Elfe hoffen, auch werden ihn keine Trolle hetzen. Dagegen kann es schon vorkommen, daß ihn Staubteufel peinigen.

Welches Dach über dem Kopf?

Die eigene „Stoffhütte"

Es gibt ein Faltblatt mit der Auflistung der Campingplätze in Island. Liegt dieses dem bei anderen Quellen angeforderten Informationsmaterial nicht bei, so kann man es beim

Isländischen Fremdenverkehrsbüro
Frankfurter Straße 181
63263 Neu-Isenburg
Tel. 06102-254388
Fax 06102-254570
E-Mail: island_info@compuserve.com

bestellen oder beim

Tourist Information Center
Ferdamálarád Islands
Bankastraeti 2
IS 101 Reykjavík.

Im ganzen Land ist grundsätzlich auch freies Zelten erlaubt, jedoch nicht innerhalb der Naturschutzgebiete oder auf kultiviertem Land, z.B. auf Wiesen. Grundsätzlich gilt: Wer in der Nähe eines Gehöftes zeltet, der sollte vom Bauern die Genehmigung dafür erbitten.

Jugendherbergen

Das isländische JH-Netz befindet sich noch im Ausbau. Bis vor wenigen Jahren gab es auf der Insel lediglich 6 Jugendherbergen, inzwischen sind es fast 20. Während der Hauptreisezeit ist Voranmeldung geboten.

Bauernhöfe

Eine Karte mit Lage, Anschrift und Telefonnummer der hierfür in Frage kommenden Gehöfte ist in der Broschüre „ISLAND-BSI-Travel" abgedruckt. Sie ist über die Auskunftstellen erhältlich.

Schlafsackplätze

Während der Sommerferien stehen die Klassenräume mancher Schulen als Behelfsunterkünfte zur Verfügung. Näheres kann man beim Isländischen Fremdenverkehrsamt (s. o.) erfragen.

Hütten

Der Isländische Wanderverein unterhält Hütten, die auch für Touristen zugänglich sind.

Nähere Auskünfte erteilt:
Ferdafélag Islands
Öldugata 3
IS 121 Reykjavík

Hotels

Für diejenigen, die sich einen solchen Luxus leisten können oder wollen, gibt es natürlich auch Hotels, z. B. die noch als günstig bekannten EDDA-Hotels. Das sind Internate, die während der Sommerferien als Touristen-Hotels genutzt werden. Es ist auch möglich, in den Hotels Schlafsackplätze zu mieten.

Jedem Islandfahrer sein „Tief"

Daß die Insel – touristisch gesehen – fast so etwas wie eine Terra incognita ist, mag nicht zuletzt an ihrem Namen liegen. Island, Eis-Land, das klingt abschreckend genug. Zudem werden uns in den Wettervorhersagen mit einer gewissen Regelmäßigkeit sogenannte „Islandtiefs", Sinnbild für Sturm und Regen, angekündigt. Wen wundert es da, daß das Land den Ruf genießt, die Keimzelle für Schlechtwetter zu sein. Doch hier sollte man fairerweise sagen, daß diese Zyklone ihren Ursprung nicht auf Island, sondern über dem Grönlandeis haben.

Trotzdem: Was für den Mittelmeerurlauber der Sonnenschutz, das ist für den Islandfahrer der Friesennerz, denn Regenbekleidung ist ein Muß in seinem Reisegepäck.

Island liegt im Einflußbereich zweier unterschiedlich temperierter Meeresströmungen. Süd- und Westküste werden von einem Nebenarm des Golfstromes umspült, Nord- und Ostküste unterliegen der Kühlung durch den Grönlandstrom. Letzterer kann große Mengen Packeis mitführen und dieses dann in die Nordfjorde drücken. Was nicht ohne Einfluß auf das Inlandklima bleibt.

Wenn auf der Insel trotzdem krasse Temperaturunterschiede ausbleiben, so deshalb, weil Meere mäßigend wirken. Merkmal eines solchen ozeanischen Klimas sind kühle Sommer und milde Winter. Die entsprechenden Durchschnittstemperaturen liegen auf Island bei 11° C bzw. – 1° C.

Ein prägender Faktor für das tägliche Wettergeschehen sind die Winde. Kommen diese aus südlichen Richtungen, so transportieren sie feuchte, warme Luftmassen heran. Dagegen bringen nördliche Winde kalte Polarluft mit. Der häufige Wechsel dieser Bedingungen läßt stabile Wetterlagen nicht zu, was jedoch nicht bedeutet, daß es auf Island keinen Dauerregen oder auch mal Sonnentage gibt.

Allerdings hat eine Wetterregel Bestand: Ist es im Norden schön, dann regnet es im Süden – und umgekehrt! Die Ursache hierfür liegt in der Stauwirkung der Berge. Vor diesen regnen sich die Wolken ab. Die über die Gebirgsschwelle hinwegstreichende Luft wird auf der Lee-Seite zum Föhn, einem trockenen, warmen Fallwind. Jeder Islandfahrer sollte diese Wetterregel kennen.

Besondere Bedingungen herrschen an der Ostküste. Dort ist es mitunter windstill, einer der Gründe, warum sich Nebel entwikkeln können. Ansonsten gilt Island als nebelfrei – mit Ausnahme der Bergstraßen. Hier muß man mit Nebel in Form aufliegender Wolken rechnen.

Nicht selten wird auf Island Wind zum Sturm, zum Orkan. Lästig sind die Begleiterscheinungen. Die spärliche Vegetation oder der Wüstencharakter ganzer Landstriche begünstigen Sand-, Staub- und Ascheflug. Ein kleiner Trost: Mit der gleichen Geschwindigkeit, mit der solche Stürme über das Land jagen, ziehen sie weiter in Richtung Schottland, und wenig später werden die Meteorologen den Daheimgebliebenen „schlechtes Wetter“ ankündigen – während in Höfn oder in Akureyri bereits wieder die Sonne scheint.

Radfahren auf der Vulkaninsel

Für den Radfahrer ist Island ein Hindernis-Parcours. Das gilt sowohl mit Blick auf die dortigen Straßenverhältnisse als auch für die Wetterbedingungen. Zwar kann er ebenfalls mit etwas Asphalt und Sonnenschein rechnen, er wird jedoch vor allen Dingen mit Widrigkeiten wie Schotter, Kies, sandigem Lehm zu kämpfen haben. Wind und Regen tun ihr übriges. Der kürzeste Weg um die Insel ohne jeden Abstecher beträgt 1500 km. Unter den aufgezeigten Bedingungen ist dies ein Test für Mensch und Material.

Was die Wahl des Radtyps für eine solche Tour betrifft, so sollten hier sportliche Aspekte zurückstehen. Gefragt ist ein robustes Rad, am besten vielleicht ein Mountain-bike.

Folgendes sollte man beachten:

- Der Sattel muß eingefahren sein.
- Um die Übertragung der Erschütterungen auf Arm- und Schultergelenke zu minimieren, ist die Lenkerform nach diesen Gesichtspunkten auszuwählen. Hier geht es nicht um eine sportlich wirkende Körperhaltung.

- An einen solchen Lenker gehören auch Griffe, die von ihrem Material her zusätzlich stoßdämpfend wirken.
- Sattel und Lenker sind optimal auf Bein- und Armlänge einzustellen.
- Die Pedale müssen griffig sein und dürfen sich nicht verklemmen, wenn sie einmal in die Kehle der Schuhabsätze zu liegen kommen. Denn man fährt schon auch mal mit Wanderschuhen.
- Das Rad sollte so weit eingefahren sein, daß der Setzungsprozeß der Speichen abgeschlossen ist. Trotzdem sind die Speichen während einer solchen Tour nachzuspannen. Ein entsprechender Schlüssel und einige Ersatzspeichen gehören in den Reparaturkasten.
- Wer mit Gewichtsvollast oder auf schwierigen Inlandpisten fährt, muß mit Schäden an der Bereifung rechnen. Ein Reservemantel kann hier Tour und Laune retten.
- Die zu erwartenden „Plattfüße“ sind fast immer sogenannte Durchschläge. Zur Verringerung dieser Gefahr – sie besteht eigentlich nur beim Hinterrad – sollte man etwas Gepäck nach vorn verlagern. Wer schon einmal bei Regen an einem völlig verdreckten Rad einen Schlauch flicken mußte, der wird garantiert einen Reserveschlauch mitnehmen.
- Vor Beginn und während der Tour ist der feste Sitz aller Schrauben zu überprüfen. Man sollte besonders große Unterlegscheiben verwenden, um Stanzwirkungen zu vermeiden.
- Gepäckträger, die lediglich bessere Drahtgestelle sind – und von dieser Mangelware gibt es genug auf dem Markt –, eignen sich nicht für eine Islandtour.

Zelt

Es sollte sich um ein Zelt mit Überdach und Apsis handeln, letztere zum Unterstellen der oft nassen, schmutzigen Gepäcktaschen, der Schuhe, als Windschutz beim Kochen etc. Die Nähte sind ggf. nachzudichten. Wegen des oft anzutreffenden steinigen Bodens sind Billig-Heringe bald völlig verbogen. Wie für die gesamte Camping-Ausrüstung, so gilt auch hier im Detail, daß die teurere Lösung letztlich die billigere ist.

Regenbekleidung

Wegen der Windverhältnisse sind Ponchos, Umhänge und ähnlich Flatterhaftes ungeeignet. Zu empfehlen ist eine Kombination aus Hose und Jacke mit Bundverschlüssen, Nahtdichtung oder verschweißten Nähten. Die recht teure „atmende Regenbekleidung" hält bei Radtouren nicht das, was die Werbung verspricht. Es kommt auch bei diesen Materialien zum Schweißstau.

Kurzschaftige Gummistiefel, dazu ein Paar Norwegersocken, sind bei Regen und Dreck anderem Schuhwerk überlegen.

Für die Gepäcktaschen ist zusätzlicher Regenschutz angebracht, denn bis auf wenige Top-Fabrikate haben die meisten wasserziehende Nähte und andere Leckagen (z. B. die Reißverschlüsse). Eine solche zusätzliche Abdeckung erfüllt auch den Zweck als Schmutzschutz.

Die richtige Richtung

Wer mit dem Flugzeug anreist – also auf Keflavik landet –, der sollte, falls eine Umrundung der Insel geplant ist, im Uhrzeigersinn fahren. Wer mit dem Schiff kommt und in Ostisland beginnt, entgegengesetzt.

Dafür gibt es Gründe: Die Sander im Süden des Landes sowie einige Straßenpartien (z. B. westlich von Höfn) gehören zu den unangenehmsten Strecken. Wer isländische Verhältnisse etwa bei einer Fahrt durch den Norden des Landes schon erprobt hat, also sein Rad nicht mehr mit Kraft, sondern mit „Hand und Hintern" lenkt, der nimmt den südlichen und östlichen Teil der Ringstraße viel leichter.

Außerdem liegt in diesem Bereich die Eiswelt des Vatnajökull, die wohl großartigste Naturkulisse des Landes. Sie gleich am Anfang der Reise zu genießen und danach flachere Landschaftsbilder zu durchradeln, wäre psychologisch unklug.

Der Wind als Feind und Helfer

Er kann auf Island aus allen Richtungen wehen – und das auch mal mit 100 km/h. Doch trotz aller Varianten bleibt es bei einer Hauptwindrichtung, nämlich West! Sehr selten sind lediglich Ostwinde.

Ein Radler, der in Keflavik beginnt und, wie empfohlen, im Uhrzeigersinn fährt, wird in der Regel auf seinem Weg nach Nordisland Seitenwind von links haben. Dieses mit der unangenehmen Folge, daß ihm aller Staub und aufgewirbelter Dreck (die Strecke ist recht stark von Lastern befahren) zugeweht wird. Eine Lösung wäre hier das von mir auf diesem Streckenabschnitt praktizierte Linksfahren. Aber es ist ein Verstoß gegen die Verkehrsregeln.

Mit Erreichen des Hrútafjordes kann er bis hinüber zur Ostküste auf Rückenwind hoffen. Selbst ein möglicher Windsprung auf nördliche oder südliche Richtungen ergäbe noch immer eine leichte Schiebewirkung.

Segel streichen, hätte er welche am Rad, könnte er im Bereich der Ostfjorde. Schwache, umlaufende Winde mit Verwirbelungen durch die Berge sind hier die Regel. Auch totale Windstille ist möglich.

Auf der Fahrt entlang der Südküste wird er gegen meist kräftigen Wind aus südwestlichen bis nordwestlichen Richtungen ankämpfen müssen. Letzterer ist durch das Bodenrelief abgeschwächt, und sollte er gänzlich auf Nord drehen, würde er zum Schönwetterboten.

Flugzeug und Fahrrad

Für den Lufttransport eines Rades, der ansonsten kaum Schwierigkeiten bereitet, ist folgendes zu beachten:

- Pedale ab- oder einseitig anschrauben.
- Sattel und Lenker in die tiefste Position drücken, dabei den Lenker querstellen.
- Hat die Maschine im Frachtraum keinen Druckausgleich (erfragen!), so ist der Reifendruck zu erniedrigen, damit die Schläuche nicht platzen.
- Teile, die lediglich angeklemmt sind (Luftpumpe, Flasche u.ä.), mit Klebeband sichern.
- Teile, die stoßempfindlich sind, abnehmen oder zusätzlich schützen (z.B. Radcomputer, die an der Gabel montiert sind). Fluggesellschaften sehen es nicht gerne, wenn sich an einem Rad vorstehende Metallteile befinden, die andere Gepäckstücke beschädigen könnten. Ggf. wird dann eine Kartonverpackung verlangt.

– Das Rad muß sauber sein! Nach einer Islandtour heißt das also zunächst: ab in die Autowaschanlage!
– Den Transportpreis erfragt man am besten direkt bei der Fluggesellschaft. Vielleicht läßt er sich durch ein Lächeln reduzieren!

Reisezeit

Die günstigsten Monate sind Juni bis August. Wer früher ankommt oder später abreist, muß mit Schneefällen rechnen. Ansonsten: Wenn es bei uns zwölf schlägt, ist es auf Island erst elf Uhr.

Sprache

Englisch ist an den isländischen Schulen Pflichtfach. Verständigungsschwierigkeiten gibt es hier eigentlich nur mit älteren Menschen. Auch skandinavische Sprachen (Ausnahme Finnisch) werden verstanden.

Karten, Bücher

Deutschsprachige Island-Literatur ist preisgünstig und in größerer Auswahl in Reykjavík erhältlich. Gleiches gilt für Kartenmaterial.

Kleidung

Wollig, warm, wind- und regenfest, dazu feste Wanderschuhe. Für reine Naturtrips sind Gummistiefel empfehlenswert.

Lebensmittel, Filme

Im Küstenbereich gibt es keine Versorgungsschwierigkeiten. Das Back- und Wurstwarenangebot dagegen ist beschränkt. Brot aus Tankstellen-Shops gibt es manchmal nur tiefgefroren. Alles ist recht teuer – besonders „Luxusartikel". Alles Filmmaterial von zu Hause mitbringen, Preise betragen ein Mehrfaches.

Zur Sprache

Das Isländische kennt einige Buchstaben, die in unserem Alphabet nicht existieren. Sie wurden im Buchtext in der allgemein gebräuchlichen Weise umschrieben:

z. B.	Ofæra	Of<u>ae</u>ra
	þingvellir	<u>Th</u>ingvellir
	Möðrudalur	Mö<u>d</u>rudalur

Übersetzung der im Buchtext einzeln oder in Wortverbindungen verwendeten geologischen/landschaftlichen Begriffe:

á	Fluß
dalur	Tal
eld	Feuer
ey	Insel
fell	Berg
fjall	Berg
fjordur	Fjord
foss	Wasserfall
gjá	Erdspalte
heidi	Hochebene
hellir	Höhle
hraun	Lava
hver	heiße Quelle
jökull	Gletscher
jökulsá	Gletscherfluß
laug	warme Quelle
reyk	Rauch
sandur	Sander
skard	Paß
vatn	See
vik	Bucht

Erklärungen

1 *US-Basis Keflavik* 1941 lösten die US-Streitkräfte die Engländer als Schutzmacht ab. Im Zusammenhang mit dem Beitritt zur Nato überließ die isländische Regierung Keflavik den USA als Stützpunkt.

2 *Trockenfisch* Die keimfreie Luft und das Fehlen von Schmeißfliegen ermöglichen das Freilufttrocknen von Fisch. Den Isländern diente dieser „hardfiskur" früher als Brotersatz. Heute wird er in Fastenländer exportiert.

3 *Blocklava* entsteht, wenn schnell erstarrtes Magma durch nachdrängendes Material wieder zerbrochen wird. Blocklavafelder zeichnen sich durch eine bucklig-zerklüftete Oberfläche aus.

4 *Strandarkirkja* Einsam gelegenes Kirchlein an der Ostküste von Reykjanes. Der Überlieferung nach von Seeleuten gestiftet, die mit ihrem Schiff in Not gerieten, aber noch rettendes Land erreichten.

5 *Skálholt* Während des Mittelalters geistliches und geistiges Zentrum Islands. Bischof Jón Arason wurde hier hingerichtet, weil er sich der Reformation widersetzte.

6 *Allmännerschlucht* isl. Almannagjá Von bizarr geformten Felsen gesäumte Schlucht in Thingvellir, in der – deshalb der Name – alle Männer des Landes Platz finden könnten.

7 *Snorri* Gemeint ist Snorri Sturlurson, der berühmteste isländische Dichter. Die Sturlungen waren ein einflußreiches mittelalterliches Geschlecht, nach dem eine ganze Epoche, die „Sturlungen-Zeit", benannt wurde. Der genannte Dichter (1206–1241) war ihr bekanntester Vertreter.

8 *Tölt* Gangart, die nur dem Islandpferd eigen ist. Das Kennzeichen: Schritt im Vierertakt mit gleichseitiger Fußfolge. Der Reiter sitzt dadurch völlig ruhig, ohne den sonst üblichen Bewegungsrhythmus.

9 *Stammbaum des Islandpferdes* Die Urväter des Islandpferdes sind die Steppenpferde der Germanen. Das vom Althing, der Ratsversammlung der isländischen Bauern, im Jahr 930 verhängte Einfuhrverbot für Pferde ist noch heute gültig. Das Islandpferd hat einen mehr als tausendjährigen reinrassigen Stammbaum.

10 *Pseudokrater* Krater, denen keine Lava entfloß (Scheinkrater). Sie entstanden durch Dampfexplosionen.

11 *Kieselgur* Ablagerungen von Kieselalgen (Diatomeenerde), u. a. zur Schallisolierung verwendet.

12 *Namensgebung* Hinter dem eigenen Vornamen führen Isländer den Namen ihres Vaters mit dem Zusatz „Sohn“ (son) oder „Tochter“ (dóttir); z. B. Benedikt, Sohn des Einars = Benedikt Einarsson.

13 *Liparit* Junges, farbenreiches Ergußgestein, Benennung nach dem Vorkommen auf den Liparischen Inseln nördlich von Sizilien.

14 *Munin und Hugin* „Munin“, der Verständige, „Hugin“, der Kluge – die beiden Raben Odins. Der germanische Gott schickte diese Vögel allmorgendlich aus, damit sie für ihn in Erfahrung brächten, was in der Welt geschah.

15 *Black Country* Englisches Industriegebiet, die Region um Manchester, Liverpool.

16 *Rentiere auf Island* Zur besseren Fleischversorgung der Bevölkerung wurden um 1870 Rentiere aus Norwegen eingeführt. Der heutige Bestand beläuft sich auf ca. 3500 Tiere.

17 *Sander* Flächen mit Geröll- und Geschiebeablagerungen der Gletscher.

18 *Skaftafell* Gebiet am Fuße des Vatnajökull, das Jahrtausende durch Schmelzwasserflüsse und Eis vom übrigen Land abgeriegelt war. Der volle verkehrstechnische Anschluß erfolgte erst Mitte 1970 mit dem Bau der Insel-Ringstraße über den Skeidarársander.

19 *Laki-Krater* Reihe von über 100 Kratern entlang einer Erdspalte. Es handelt sich um den größten jemals auf Island beobachteten Vulkanausbruch. Durch ihn wurden (1783) weite

Landstriche verwüstet, und der dänische König erwog, die Inselbevölkerung auszusiedeln.

20 *„Pforte der Hölle“* Auf Island glaubte man früher, daß der Kraterschlund des sehr aktiven Vulkans Hekla das Tor zur Hölle sei.

21 *Westmänner-Inseln* Eine Gruppe von Felsenriffen und Inseln vor der Südküste Islands. Der Name stammt aus der Wikingerzeit, da dort, auf der Insel Heimaey, „Westmänner“, irische Sklaven, siedelten.

22 *„Schmelzgemeinde“ Reykjavík* Durch bauliche Ausbreitung sind die Gemeinden Reykjavík, Kópavogur, Gardahreppur, Seltjanares und Hafnarfjördur zusammengewachsen.

REISEN · MENSCHEN · ABENTEUER

NATIONAL GEOGRAPHIC TASCHENBÜCHER
VON FREDERKING & THALER

EISIGE WELTEN

Jon Turk

Abenteuer im Eismeer

Mit Kajak und Hundeschlitten unterwegs

ISBN 3-89405-172-8

Abenteuer Ehe, Abenteuer Eismeer: Bei den Expeditionen von Jon und seiner Frau Chris, ob mit Kajak oder Hundeschlitten, verbindet sich beides zu Grenzerfahrungen im ursprünglichen Sinne. Auch wenn das Ziel sich oft als etwas anderes erweist als vermutet ...

John Harrison

Wo das Land zu Ende ist

Von Patagonien in die Antarktis

ISBN 3-89405-173-6

Seit Bruce Chatwin ist Patagonien ein klassisches Ziel für Abenteurer. Doch Harrison weiß nicht nur mehr über Geographie, Geschichte und Natur, er gelangt auch weiter nach Süden: Ein Eisbrecher bietet ihm die Chance, zur Antarktis zu gelangen ...

Farley Mowat

Verlorene Wege

Das Schicksal einer Inuit-Familie

ISBN 3-89405-176-0

Eine komplexe Geschichte: ein Doppelmord, eine zerstörte Familie, ein vertriebenes Volk. Eine Inuit-Frau macht sich auf die Suche nach ihren Wurzeln und deckt den Hintergrund einer Tragödie auf: die Eroberung von Kanadas Norden durch die Weißen.

So spannend wie die Welt.

NATIONAL GEOGRAPHIC
FREDERKING & THALER